视觉引流
网店美工操作实战
（第2版）

曹天佑　王红蕾　刘冬美　编著

清华大学出版社
北京

内 容 简 介

本书以实例和设计理论相结合的方式介绍了美工在网店装修方面的各个知识点,包括从最初的网店美工应该掌握的技能操作到网店中引流模块的制作和理论讲解。作者精心设计了多个与店铺视觉引流模块相关的实例,其中包含吸引网店外部流量的直通车、钻展图和店标的制作,吸引店铺内部流量的通栏广告、店招、商品广告、店铺收藏、店铺公告、详情页等内容。

本书由一线电子商务网店美工教师和广告设计教师编写,全书共分8章,依次讲解了网店美工须掌握的基础操作、网店外部区域引流图像设计与制作、网店首屏元素设计与制作、商品广告图像设计与制作、快速导航区设计与制作、店铺公告模板设计与制作、收藏售后设计与制作以及详情页设计与制作等内容。

本书兼具技术手册和应用技巧参考手册的特点,技术实用,讲解清晰,不仅适合想自己装修店铺的初、中级读者和网店美工,也可以作为大、中专院校相关专业及电子商务方面培训班的教材。

本书封面贴有清华大学出版社防伪标签,无标签者不得销售。

版权所有,侵权必究。举报:010-62782989,beiqinquan@tup.tsinghua.edu.cn。

图书在版编目(CIP)数据

视觉引流:网店美工操作实战 / 曹天佑,王红蕾,刘冬美编著 . —2 版 . —北京:清华大学出版社,2022.3

ISBN 978-7-302-59913-5

Ⅰ.①视… Ⅱ.①曹…②王…③刘… Ⅲ.①网店—设计 Ⅳ.① F713.361.2

中国版本图书馆 CIP 数据核字 (2022) 第 019964 号

责任编辑: 韩宜波
封面设计: 钱　诚
责任校对: 李玉茹
责任印制: 丛怀宇

出版发行: 清华大学出版社
网　　址: http://www.tup.com.cn,http://www.wqbook.com
地　　址: 北京清华大学学研大厦 A 座　　**邮　编:** 100084
社 总 机: 010-83470000　　**邮　购:** 010-62786544
投稿与读者服务: 010-62776969,c-service@tup.tsinghua.edu.cn
质 量 反 馈: 010-62772015,zhiliang@tup.tsinghua.edu.cn

印 装 者: 三河市龙大印装有限公司
经　　销: 全国新华书店
开　　本: 185mm×260mm　　**印　张:** 16.25　　**字　数:** 392 千字
版　　次: 2019 年 6 月第 1 版　2022 年 3 月第 2 版　　**印　次:** 2022 年 3 月第 1 次印刷
定　　价: 69.80 元

产品编号:087954-01

前言

　　拥有优秀美工的网店，可以不与同行拼进货渠道、物流、价格等硬性指标，因为很大一部分浏览者都是通过网店中的视觉效果被吸引进来的。这部分的流量完全可以靠美工来实现。

　　网店的视觉引流可以分为两个阶段：一个是店铺内部的首页和详情页的视觉效果；另一个是未进店时的直通车、钻展图等视觉效果。无论是哪个阶段，只要网店美工的功底较为深厚，就可以完成这项目标。网店美工的任务就是使网店在视觉上夺人目光，吸引买家进入店铺，在店铺中又再次被其他商品宣传所吸引，从而给卖家带来经济效益。市场上关于网店美工的书籍主要以理论、案例操作类和教程类为主。本书与其他同类书籍的不同之处在于，它不仅在淘宝网店各个元素、店外的直通车图片、钻展图片上都有精心挑选的实例，还在具体的图片来源、配色、修正等方面进行了理论与实例相结合的详细讲解，真正做到了手把手教初学者轻松学会网店美工各个实操部分，让用户花最少的钱，得到最大化的收益。

　　本书在最初的策划阶段就侧重在吸引买家注意、在网店吸引视觉流量的图像方面。作者有着丰富的电商和广告教学经验、网店经营以及装修的实际设计工作经验，在书中，将自己在网店的视觉效果装修过程中总结的经验和技巧展现给读者，希望读者在体会装修过程中设计软件强大功能的同时，能将设计创意和设计理念通过软件反映到网店中的视觉效果上来。更希望通过本书，能够帮助读者解决开店时遇到的设计难题。

本书特点

　　本书的内容安排由浅入深、循序渐进、丰富多彩，力争涵盖网店视觉及装修的全部知识点，以实例结合理论的方式对网店装修进行了实际应用的讲解，使读者在学习时少走弯路。

　　本书具有以下特点。

● 内容全面，几乎涵盖了网店装修所涉及的视觉图像、配色和整体店铺装修的各个方面。从商品图像设计的一般流程入手，逐步引导读者学习网店设计所涉及的各种技能。

● 语言通俗易懂，讲解清晰，前后呼应，以最小的篇幅、最易读懂的语言来讲解每一项功能和每一个实例，让读者学习起来更加轻松，阅读更加容易。

● 实例丰富，技巧全面实用，技术含量高，与实践紧密结合。每一个实例都倾注了作者多年的实践经验，每一个功能都已经过实操验证。

● 注重理论与实践相结合。本书中实例的操作都是将软件的某个重要知识点展开，使读者更容易掌握，从而方便知识点的记忆，进而能够举一反三。

本书读者对象

本书主要面向想开网店的初、中级读者，是一本非常适合网店装修的美工学习教材。全书从简单的基础知识开始，再循序渐进地进行讲解。对于以前没有接触过网上开店或自己装修的读者也可轻松入门，已经可以自己进行网店店铺装修的读者，同样可以从中快速了解网店美工基础、店外引流提升转化率以及网店各个可装修元素方面的知识点，自如地踏上新的台阶。

本书由曹天佑、王红蕾和刘冬美编著，其他参与编写的人员还有陆沁、吴国新、时延辉、戴时影、刘绍婕、尚彤、张叔阳、葛久平、孙倩、殷晓峰、谷鹏、胡渤、赵頔、张猛、齐新、王海鹏、刘爱华、张杰、张凝、王君赫、潘磊、周荣、周莉、金雨、陆鑫、付强、刘智梅、秦丽研、施杨志、黄启辉、陈美荣、曹培军等。

本书提供了案例所需的素材、源文件、视频文件以及PPT课件，同时还赠送大量的Photoshop基础内容视频、动作、画笔、图案、形状、样式，读者可通过扫描下面的二维码，推送到自己的邮箱后下载获取。

素材、源文件及PPT课件

视频

赠送文件（1）

赠送文件（2）

由于作者水平有限，书中疏漏和错误之处在所难免，敬请读者批评、指正。

编　者

目录

第1章 网店美工须掌握的基础操作

1.1 什么是网店美工 / 002
    1.1.1 网店美工的定义 / 002
    1.1.2 网店美工需要了解的知识 / 003

1.2 网店配色基础 / 004
    1.2.1 网店色彩原理 / 004
    1.2.2 网店安全色 / 005
    1.2.3 网店色彩分类 / 006
    1.2.4 网店色彩采集 / 009
    1.2.5 识别色域以外的颜色 / 010
    1.2.6 网店页面色彩搭配 / 011
    1.2.7 网店图像配色 / 020

1.3 网店图像的布局 / 024
    1.3.1 图片基本构图 / 024
    1.3.2 图像中文本布局规则 / 027
    1.3.3 图像参与布局的规则 / 031
    1.3.4 版面布局设计 / 032

1.4 美工修图基础 / 034
    1.4.1 宝贝图片色调调整 / 034
    1.4.2 宝贝图片校正 / 040
    1.4.3 瑕疵图片处理 / 042
    1.4.4 人物磨皮处理 / 045
    1.4.5 校正模糊图片 / 047

1.5 网店中常用的美工抠图 / 049
    1.5.1 按规则几何图形进行抠图 / 049
    1.5.2 复杂图像快速抠图 / 050
    1.5.3 复杂图像精细抠图 / 051
    1.5.4 透明图像抠图 / 054
    1.5.5 毛发抠图 / 057

1.6 修饰宝贝图像 / 059
1.6.1 为商品图片添加保护线 / 060

1.6.2 为商品图片添加文字水印 / 060
1.6.3 为商品图片添加图像商标或图像水印 / 060
1.6.4 为商品图片添加情趣对话 / 061
1.6.5 快速为多个商品图片添加文本水印 / 061

第2章 网店外部区域引流图像设计与制作

2.1 店标设计与制作 / 067
2.1.1 店标设计原则 / 067
2.1.2 店标的制作构思 / 068
2.1.3 店标的制作过程 / 069

2.3.3 钻展图片小图设计与制作1 / 087
2.3.4 钻展图片小图设计与制作2 / 090

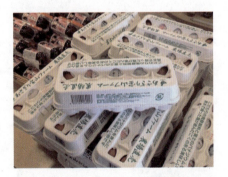

2.2 直通车图片设计与制作 / 073
2.2.1 直通车图片的设计原则 / 073
2.2.2 直通车图片制作 / 076
2.3 钻展图片设计与制作 / 083
2.3.1 钻展图片的设计原则 / 084
2.3.2 钻展图片主图设计与制作 / 084

第3章 网店首屏元素设计与制作

3.1 店招设计与制作 / 096
3.1.1 店招设计的原则 / 096
3.1.2 商品参与店招设计与制作 / 097
3.1.3 简洁风格全屏店招设计与制作 / 104
3.1.4 与导航一同进行设计与制作 / 104

目 录

3.2 首屏全屏广告设计与制作 / 111
 3.2.1 了解首屏全屏广告及轮播图的作用 / 112
 3.2.2 利用材质背景广告设计与制作 / 112
 3.2.3 渐变背景广告设计与制作 / 118
 3.2.4 大面积配色背景广告设计与制作 / 124
 3.2.5 图像背景广告设计与制作 / 127

第4章　商品广告图像设计与制作

4.1 950像素广告设计与制作 / 132
 4.1.1 商品整体参与设计与制作 / 133
 4.1.2 商品局部参与设计与制作 / 140
 4.1.3 多视点参与设计与制作 / 144
 4.1.4 超出背景区域设计与制作 / 149

4.2 750像素广告设计与制作 / 153
 4.2.1 暖色系方案设计与制作 / 154
 4.2.2 冷色系方案设计与制作 / 158
 4.2.3 中性色方案设计与制作 / 161

4.3 190像素广告设计与制作 / 166
 4.3.1 凸显特点方案设计与制作 / 166
 4.3.2 商品本身方法设计与制作 / 169

4.4 陈列区广告设计与制作 / 171
 4.4.1 格局分布方案设计与制作 / 171
 4.4.2 图片混合搭配方案设计与制作 / 173

第5章　快速导航区设计与制作

5.1 悬浮导航设计与制作 / 178
 5.1.1 半透明方案设计与制作 / 179
 5.1.2 单色背景方案设计与制作 / 181

5.2 宝贝分类设计与制作 / 183
 5.2.1 宝贝分类的设计原则 / 183
 5.2.2 按钮式图案设计与制作 / 184
 5.2.3 文字效果方案设计与制作 / 187
 5.2.4 子分类设计与制作 / 188

第6章　店铺公告模板设计与制作

6.1 横幅公告模板设计与制作 / 192
 6.1.1 950像素店铺公告模板制作 / 193
 6.1.2 750像素店铺公告模板制作 / 197
 6.1.3 750像素店铺公告水平文字滚动模板制作 / 200

6.2 直幅公告模板设计与制作 / 203
6.3 为制作的模板进行切片 / 204

第7章　收藏售后设计与制作

7.1 店铺收藏设计与制作 / 208
 7.1.1 宽幅店铺收藏制作 / 208
 7.1.2 窄幅店铺收藏制作1 / 213
 7.1.3 窄幅店铺收藏制作2 / 214

7.2 客服设计与制作 / 216
  7.2.1 宽幅客服设计与制作 / 217

7.2.2 窄幅客服设计与制作1 / 220
7.2.3 窄幅客服设计与制作2 / 222

第8章 详情页设计与制作

8.1 详情页的设计思路以及操作流程 / 225
8.2 详情页的格局构成 / 226
8.3 详情页的设计原则 / 227

8.4 详情页的整体制作 / 228
  8.4.1 详情页框架设计 / 228
  8.4.2 商品广告区设计 / 228
  8.4.3 商品色彩展示区设计 / 233
  8.4.4 商品细节展示区设计 / 237
  8.4.5 商品特点说明区设计 / 239
  8.4.6 产品说明区设计 / 240
  8.4.7 购物须知区设计 / 243
  8.4.8 详情页描述区设计 / 244
  8.4.9 合成详情页 / 246

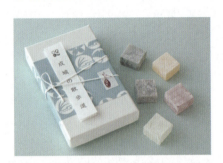

第 1 章
网店美工须掌握的基础操作

| 本章重点 |

- ▶ 什么是网店美工
- ▶ 网店配色基础
- ▶ 网店图像的布局
- ▶ 美工修图基础
- ▶ 网店中常用的美工抠图
- ▶ 修饰宝贝图像

网络的快速发展促使当今的美工行业不得不重新进行规划，尤其是网上店铺的大量开张，催生了一个新的美工工种，也就是常说的网店美工。既然已经形成了这个职业，就要了解这一职业，以及从事此职业需要掌握哪些基础知识。

网店美工不是仅对图片进行美化和合成，还要对网店的配色、整体和局部的布局进行精心的设计。

对于专业从事网店美工效果设计的人员来说，掌握并精通Photoshop几乎就可以完成图像处理与设计的全部工作了，如果想进一步优化自己的作品，再接触一些矢量绘制方面的软件，如CorelDRAW（简称CDR）、Adobe Illustrator（简称AI）等，就更加如虎添翼了。

网店美工可以让商品展现得更加亮丽、吸人眼球，如图1-1所示。

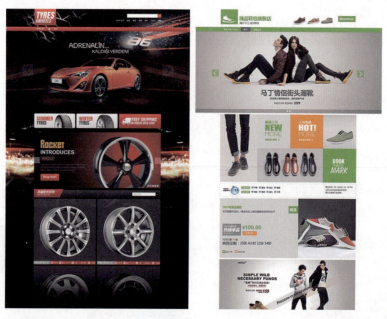

图1-1　网店中美工处理过的图片

1.1　什么是网店美工

初次接触网店的朋友可能会对网店美工有点儿陌生，网店美工可以把网店中出售的商品图片处理得更加吸引人，结合文字与照片，不但在视觉上达到吸引人的目的，还能让人在文本中对产品功能、特点一目了然，从而增加流量，得到应有的效益。

1.1.1　网店美工的定义

网店美工属于IT职业范畴，工作内容为网店美工设计、网店装修色系与产品色系的美学解构、网店全面装修、产品图片处理、广告促销图片、产品描述图片处理，等等。

网店美工可以将网店中传达的视觉信息放大,吸引店铺流量、增加店铺收入。经营同样商品的网店,传达给浏览者的第一信息就是店铺的整体装修效果以及商品图片的处理细致程度。如图1-2所示为经过美工加工的广告图片。

图1-2　美工加工过的图片

1.1.2　网店美工需要了解的知识

网店美工作为一种新兴的IT行业工种,在行使工作职能时,要了解该工作需要哪些相关知识。

1. 工作范畴

网店美工设计、网店装修色系与产品色系的美学解构、网店全面装修、产品图片处理、广告促销图片、产品描述图片处理,等等。

2. 职业技能

熟练使用Photoshop、Dreamweaver、Illustrator、Fireworks、CorelDRAW以及各类网页设计语言;另外,还需要网络美工具备如下素质:扎实的美术功底、丰富的想象力和良好的创造力,网页设计、平面设计、广告设计工作经验,美术类、平面设计、广告及相关专业,以及较好的文字功底。可见,它不仅要求会相关的绘图软件,还要求懂一定的网页设计语言和有一定的文字功底。但对于初级的专业美工而言,掌握Photoshop就能把店铺的装修内容搞定。

3. 做网店美工需掌握的知识

在针对整个网店的装修过程中,美工需要掌握的知识包含文案策划、视觉规范、商品图片规范、商品图片处理、广告图设计、详情页设计、页面整体发布。

4. 职业趋势

随着网络营销的发展壮大,网店美工的市场需求会日益增多,这是一个很稳定、有前途的职业。

1.2 网店配色基础

网店中配色格调能够左右店铺风格。进入店铺后，对买家形成第一印象的重要因素就是网店的页面色彩。一个网店拥有漂亮的颜色配比，比其他任何设计要素都重要，因为色彩是主导买家视觉的第一因素，它不但可以给买家留下深刻的印象，而且还可以产生强烈的视觉效果。

本节就来为大家讲解网店配色基础方面的知识。

1.2.1 网店色彩原理

了解如何创建颜色以及如何将颜色相互关联，可让您在使用Photoshop时更有效地工作。只有您对基本颜色原理进行了了解，才能将作品生成一致的结果，而不是偶然获得某种效果。在对颜色进行创建的过程中，大家可以依据加色原色（RGB）、减色原色（CMYK）和色轮来完成最终效果。

加色原色是指三种色光（红色、绿色和蓝色）按照不同的组合添加在一起，可以生成可见色谱中的所有颜色。添加等量的红色、蓝色和绿色光可以生成白色。完全缺少红色、蓝色和绿色光将生成黑色。计算机的显示器使用加色原色来创建颜色，如图1-3所示。

减色原色是指一些颜料，当按照不同的组合将这些颜料添加在一起时，可以创建一个色谱。与显示器不同，打印机使用减色原色（青色、洋红色、黄色和黑色颜料）并通过减色混合来生成颜色。使用"减色"这个术语是因为这些原色都是纯色，将它们混合在一起后生成的颜色都是原色的不纯版本。例如，橙色是通过将洋红色和黄色进行减色混合创建的，如图1-4所示。

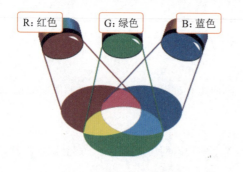

图1-3 加色原色（RGB）

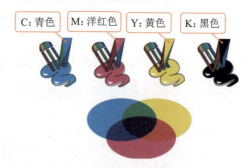

图1-4 减色原色（CMYK）

如果您是第一次调整颜色分量，在处理色彩时，手头有一个标准色轮图表会很有帮助。可以使用色轮来预测更改一个颜色分量会如何影响其他颜色，并了解这些更改如何在RGB和CMYK颜色模型之间转换。

例如，通过增加色轮中相反颜色的数量，可以减少图像中某一颜色的数量，反之亦然。在标准色轮上，处于相对位置的颜色被称作补色。同样，通过调整色轮中两个相邻的颜色，甚至将两个相邻的色彩调整为其相反的颜色，可以增加或减少一种颜色。

在CMYK模式的图像中，可以通过减少洋红数量或增加其互补色的数量来减淡洋红色，洋红色的互补色为绿色（在色轮上位于洋红色的相对位置）。在RGB模式的图像中，可以通过删除红色和蓝色或通过添加绿色来减少洋红色。所有这些调整都会得到一个包含较少洋红色的整体色彩平衡，在调整时可以依据色轮来进行对比操作，如图1-5所示。

由红、绿、蓝三种颜色定义的RGB颜色模式主要运用于电子设备中，比如电视和计算机，但是在传统摄影中也有应用。在电子时代之前，基于人类对颜色的感知，RGB颜色模型已经有了坚实的理论支撑，如图1-6所示。

在美术上又把红、黄、蓝定义为色彩三原色，但是洋红加适量黄可以调出大红（红=M100+Y100），而大红却无法调出洋红；青加适量洋红可以得到蓝（蓝=C100+M100），而蓝加绿得到的却是不鲜艳的青；用黄、洋红、青三色能调配出更多的颜色，而且纯正、鲜艳。用青加黄调出的绿（绿=Y100+C100），比蓝加黄调出的绿更加纯正与鲜艳，后者调出的较为灰暗；洋红加青调出的紫（紫=C20+M80）是很纯正的，而大红加蓝只能得到灰紫，等等。此外，从调配其他颜色的情况来看，都是以黄、洋红、青为其原色，色彩更为丰富，色光更为纯正而鲜艳，如图1-7所示。

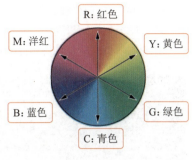

图1-5 色轮

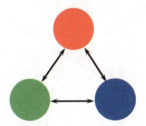

图1-6 RGB颜色模型

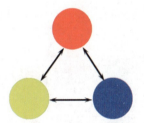

图1-7 美术中的三原色

在RGB颜色模式中，红色+绿色变为黄色，红色+蓝色变为紫色，蓝色+绿色变为青色；在绘画中，三原色的二次色为红色+黄色变为橙色，黄色+蓝色变为绿色，蓝色+红色变为紫色，如图1-8和图1-9所示。

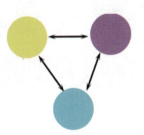

图1-8 RGB中的二次色

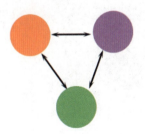

图1-9 美术中的二次色

1.2.2 网店安全色

网店中的颜色是依托网络的，所以安全色就是指网页安全色（也称网络安全色，或Web安全色）。网页安全色是当红色、绿色、蓝色数字信号值为0、51、102、153、204、255时构成的颜色组合，它共有 6×6×6=216 种颜色（其中彩色为210种，非彩色为6种），如图1-10所示。

216种网页安全色是指在不同硬件环境、不同操作系统、不同浏览器中都能够正常显示的颜色集合，也就是

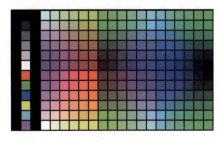

图1-10 颜色表

说，这些颜色在任何终端浏览，用户显示设备上的显示效果都是相同的。所以，使用216种网页安全色进行网页配色可以避免原有的颜色失真现象。

详细的网页安全色如图1-11所示。

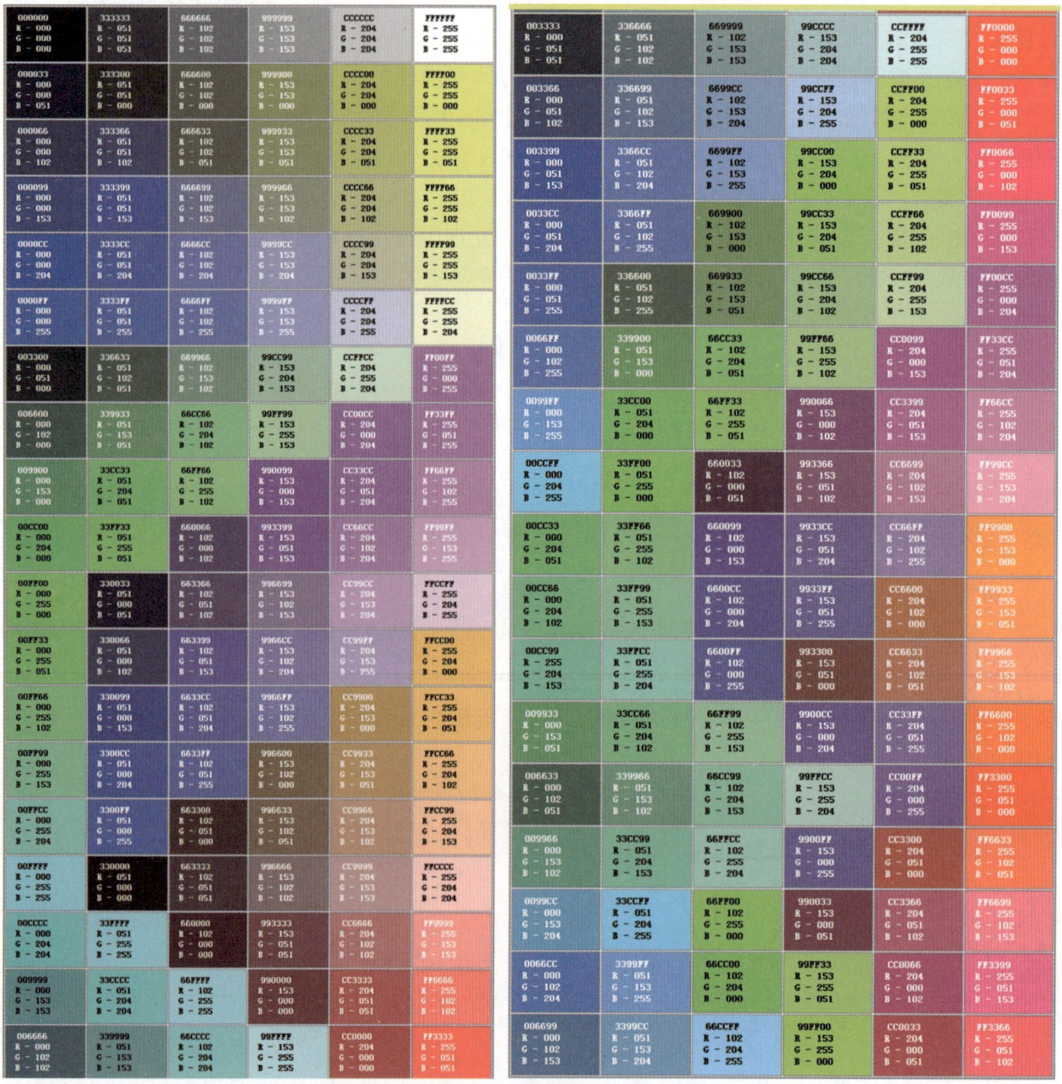

图1-11 网页安全色

1.2.3 网店色彩分类

色彩在具体的分类中可以分为无彩色和有彩色两种。在为网店装修时，页面的色彩根据其作用的不同可以分为3类，即静态色彩、动态色彩和强调色彩。

1. 无彩色

无彩色是指由黑、白相混合组成的不同灰度的灰色系列，此颜色在光的色谱中是看不到的，所以称为无彩色。由黑色和白色相搭配的网店色调，可以使内容更加清晰，此时可以是白底黑字，也可以是黑底白字，中间部分由灰色进行分隔可以使网店整体看起来更加一致。无彩色的背景可以与任何颜色进行搭配,如图1-12所示。

图1-12 无彩色网店界面

2. 有彩色

凡带有某种标准色倾向的色(也就是带有冷暖倾向的色),称为有彩色。光谱中的全部色都属于有彩色。有彩色的数量是无限的,它以红、绿、蓝为基本色。基本色之间不同量的混合,以及基本色与黑、白、灰(无彩色)之间不同量的混合,会产生成千上万种有彩色。有彩色的色轮如图1-13所示。

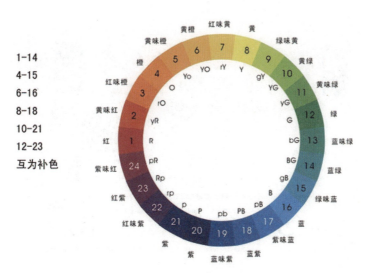

图1-13 有彩色色轮

有彩色也指除了从白到黑的一系列中性灰色以外的各种颜色,如红、黄、蓝、绿、紫等。有彩色除了具有一定的明度值以外,还具有彩度值(包括色调和鲜艳度)。

使用有彩色装修的店铺更能在颜色中烘托出产品特色或为店铺增加一些独特气质,如图1-14所示。

图1-14 以有彩色为主调的网店界面

3. 静态色彩与动态色彩

网店中的静态色彩并不是指静止状态色彩的意思,而是指结构色彩、背景色彩和边框色彩等带有特殊识别意义的、决定店面色彩风格的色彩。动态色彩也不是指动画中运动物体携带的色彩,而是指插图或照片等复杂图像中带有的色彩,这些色彩通常无法用单一色相去描绘,并且带有多种不同色调,随着图像在不同页面位置的使用,动态颜色也要随之发生变化,如图1-15所示。

图1-15 静态色彩与动态色彩

4. 强调色彩

强调色彩又名突出色彩,是网店页面设计时具有特殊作用的色彩,是为了达到某种视觉效果,与静态色彩对比反差较大的突出色彩,或者是在店招中带有广告推荐意义的特殊色彩,或者是在某段文字中为了突出重点而加注不同的色彩等,如图1-16所示的图像中,采用强调色彩的文字、包装、橘子片、甜筒、花瓣,与采用静态色彩的背景产生了强烈的对比。

第1章 网店美工须掌握的基础操作

图1-16 强调色彩

1.2.4 网店色彩采集

在为网店搭配颜色时，有些制作人员并没有色彩知识。在不懂得色彩组合原理的情况下，制作人员如何能够为自己的网店搭配出与产品相呼应的页面色彩呢？在Photoshop中，采集色彩的方法通常是使用 ■（吸管工具），在产品的某种颜色上单击，就会将当前选取的颜色作为工具箱中的前景色，如图1-17所示。

图1-17 吸取颜色

此时，在"拾色器（前景色）"对话框中可以看到当前采集的颜色信息，如图1-18所示。

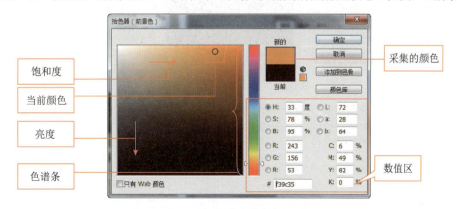

图1-18 "拾色器（前景色）"对话框

如果在数值区更改数字,会看到之前的颜色与更改后的颜色,如图1-19所示。

勾选"只有Web颜色"复选框后,在拾色器中只会显示应用于网页的颜色,如图1-20所示。采集完毕的颜色,可以将其作为与产品相对应的主色、辅助色或点缀色。

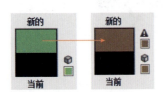

图1-19　改变数值时的颜色对比

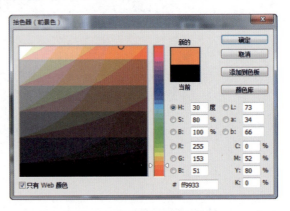

图1-20　应用于Web的颜色

1.2.5　识别色域以外的颜色

大多数扫描的照片在CMYK色域中都包含RGB颜色,将图像转换为CMYK模式会轻微改变这些颜色。

① 注意:

色域范围以外的颜色可以被【颜色】面板、【拾色器(前景色)】对话框和【信息】面板中颜色样本右侧的惊叹号来标识,如图1-21所示。

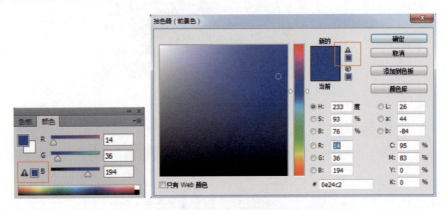

图1-21　超出颜色(RGB颜色)

查看当前图片是否存在色域范围外的颜色,可以通过Photoshop来完成。色域外的颜色指的是打印时超出颜色范围的颜色,识别方法如下。

操作步骤:

❶ 启动Photoshop软件,打开一张汽车图片,如图1-22所示。

❷ 执行菜单栏中的"视图"|"色域警告"命令,Photoshop 将创建一个颜色转换表,并用中性灰色显示色域以外的颜色,如图1-23所示。

第1章 网店美工须掌握的基础操作

图1-22 素材

图1-23 色域警告

❸ 为了将颜色转换到CMYK模式，可在菜单栏中执行"图像"|"模式"|"CMYK模式"命令，此时色域警告的颜色会消失，效果如图1-24所示。

图1-24 转换为CMYK模式

1.2.6 网店页面色彩搭配

买家进入店铺后，第一印象就是这个店铺的页面配色。通常情况下，色彩与人的心理感觉和情绪有一定的关系，利用这一点，可以将店铺设计成自己独特的色彩效果，从而给买家留下较深刻的印象，以此来增加售出率。

不同的色系都拥有自己的独特之处，网店中色彩搭配的色调可以按照色相、印象以及色系进行分类。

1. 按色相分类进行色彩搭配

常见的色彩搭配按照色相的顺序归类，每类都以一种色相为主，配以其他色相或者同色相的色彩，应用对比与调和的方法，并按照从清淡到浓烈的顺序排序。

1）红色

在众多颜色中，红色是最鲜明生动、最热烈的颜色。因此，红色也是代表热情的情感之色。鲜明的红色极容易吸引人们的目光。网店中无论是整体还是图像，都不可能只用一种颜色进行操作，选择一种或几种与红色相配的色彩是非常必要的，如图1-25所示的颜色就是与红色最相配的色彩。

图1-25 与红色搭配的颜色

> **温馨提示：**
> 红色可以和蓝色混合成紫色，可以和黄色混合成橙色；红色和绿色是对比色，红色的补色是青色。红色是三原色之一；它能和绿色、蓝色调出任意色彩。

2）橙色

橙色具有轻快、欢欣、收获、温馨、时尚的效果，是一种表达快乐、喜悦、能量的色彩。橙色又称橘色，为二次颜料色，是红色与黄色的混合色。在光谱上，橙色介于红色和黄色之间。

红、橙、黄三色，被称为暖色，属于引人注目、给人芳香感和能引起食欲的颜色。橙色可作餐厅的布置色，在餐厅里多用橙色可以增强客人的食欲。常见的橙色配色方案如图1-26所示。

图1-26 与橙色搭配的颜色

> **温馨提示：**
> 橙色在HSB数值的H中为30度，是正橙色。橙色是一种非常明亮、引人注目的颜色。橙色的对比色是蓝色，这两种颜色彩度倾向越明确，对比强度就越大。除了橙色和蓝色外，橙色和绿色随着纯度的升高，达到的对比效果也越来越强烈。

3）黄色

黄色具有活泼与轻快的特点，给人十分年轻的感觉，它象征光明、希望、高贵、愉快。浅黄色表示柔弱，灰黄色表示病态。黄色的亮度最高，和其他颜色配合，让人感到活泼、温暖，具有快乐、希望、智慧和轻快的个性，有希望与功名等象征意义。黄色也代表着土地，象征着权力，并且具有神秘的宗教色彩。常见的黄色配色方案如图1-27所示。

图1-27　与黄色搭配的颜色

> **温馨提示：**
>
> 黄色能和众多的颜色相配，但是要注意和白色搭配时，因为白色可以吞没黄色的色彩，会使你看不清楚。另外，深黄色最好不要与深紫色、深蓝色、深红色相配，因为这样搭配会使人感到晦涩与失望；淡黄色不要与明度相当的色彩搭配，要拉开明度上的层次关系。黄色与红色搭配，可以营造一种吉祥喜悦的气氛；黄色与绿色搭配，会显得有朝气、充满活力；黄色与蓝色相配，可以显得美丽清新；淡黄色与深黄色相配，可以衬托出高雅。

4）绿色

绿色在黄色和蓝色（冷暖）之间，属于比较中庸的颜色，这使得绿色的性格最为平和、安稳、大度、宽容。绿色是一种柔顺、恬静、满足、优美、受欢迎之色，也是网店页面中使用最广泛的颜色之一。常见的绿色配色方案如图1-28所示。

图1-28　与绿色搭配的颜色

💡 **温馨提示：**

绿色中黄色的成分较多时，其性格趋于活泼、友善，具有天真性；在绿色中加入少量的黑色，其性格趋于庄重、老练、成熟；在绿色中加入少量的白色，其性格趋于洁净、清爽、鲜嫩。

5）蓝色

蓝色是色彩中比较沉静的颜色，它象征着永恒与深邃、高远与博大、壮阔与浩渺，是令人心境畅快的颜色。另外，蓝色又有消极、冷淡、保守等含义。蓝色与红、黄等色搭配得当，能构成和谐的对比调和的关系。常见的蓝色配色方案如图1-29所示。

图1-29　与蓝色搭配的颜色

💡 **温馨提示：**

在蓝色中添加少量的红、黄、橙、白等颜色，均不会对蓝色的性格构成比较明显的影响；如果蓝色中黄色的成分比较多，其性格就会趋于甜美、亮丽、芳香；在蓝色中混入少量的白色，可使蓝色的知觉趋于焦躁、无力。

6）紫色

紫色可以说是最具优雅气质的颜色，给人成熟与神秘感，是女性的专属色之一。从T台秀场到大街上，紫色常常出现在人们的视线中，这些紫色有的优雅、高贵，有的极其"街头范儿"，各种精彩搭配，显示出紫色的百变魔力。然而紫色并不好驾驭，如果搭配不当，则会显得过于老气。紫色的明度在有彩色中是最低的，紫色的低明度给人一种沉闷、神秘的感觉。常见的紫色配色方案如图1-30所示。

图1-30　紫色搭配

> **温馨提示：**
> 紫色中红色的成分较多时，其知觉具有压抑感、威胁感；在紫色中加入少量的黑色，其感觉就趋于神秘、难以捉摸、高贵；在紫色中加入白色，可使紫色沉闷的性格消失，变得优雅、娇气，并充满女性的魅力。

2. 按印象的搭配分类配色

色彩搭配看似复杂，但并不神秘。既然每种色彩在印象空间中都有自己的位置，那么色彩搭配得到的效果可以用加减法来近似估算。如果每种色彩都是高亮度的，那么它们叠加所产生的颜色自然是明亮的；如果每种色彩都是浓烈的，那么它们叠加产生的颜色就会是浓烈的。在实际设计过程中，设计师还要考虑使用乘法和除法，比如同样亮度和对比度的色彩，在色环上的角度不同，搭配起来就会得到千变万化的效果。因此，色彩除可以按色相搭配外，还可以将印象作为搭配分类的参考。

1）柔和、明亮、温柔

亮度高的色彩搭配在一起，就会得到柔和、明亮、温柔的感觉。为了避免刺眼，设计师一般会用低亮度的前景色来调和，同时也有助于避免产生沉闷的感觉，如图1-31所示。此色彩搭配常用于与女性有关的网店中。

图1-31 柔和、明亮、温柔

2）柔和、洁净、爽朗

若想给人以柔和、洁净、爽朗的印象，色环中蓝到绿相邻的颜色应该是最适合的，并且亮度偏高。如图1-32所示，可以看到，几乎每个组合都有白色参与。当然在实际设计时，可以用蓝绿相反色相的高亮度有彩色代替白色。此色彩常用于与厨卫有关的网店。

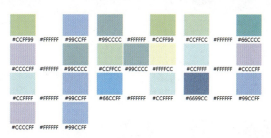

图1-32 柔和、洁净、爽朗

3）可爱、快乐、有趣

要想给人以可爱、快乐、有趣的印象，使用的色彩搭配方法是：色相分布均匀，冷暖搭配，饱和度高，色彩分辨度高，如图1-33所示。此色彩常用于与儿童有关的网店。

4）活泼、快乐、有趣

要想给人以活泼、快乐、有趣的印象，可选择的色彩非常广泛。最重要的变化是将纯白色用低饱和的有彩色或者灰色取代，如图1-34所示。此色彩搭配常用于经营儿童用品的网店。

图1-33 可爱、快乐、有趣

图1-34 活泼、快乐、有趣

5)运动型、轻快

表现运动的色彩要强化激烈、刺激的感觉,同时还要体现健康、快乐、阳光的感觉。因此,饱和度比较高、亮度偏低的色彩经常用于这类场合,如图1-35所示。此色彩搭配常用于经营运动用品的网店。

图1-35 运动型、轻快

6)轻快、华丽、动感

要想给人以华丽的印象,页面要充满色彩,并且饱和度偏高,而亮度适当减弱则能强化这种印象,如图1-36所示。此色彩搭配常用于经营户外运动用品的网店。

图1-36 轻快、华丽、动感

7) 狂野、充沛、动感

要想给人以狂野的印象，少不了低亮度的色彩，甚至可以用适当的黑色搭配，而其他有彩色的饱和度要高，对比要强烈，如图1-37所示。此配色常用于经营户外运动用品的网店。

图1-37　狂野、充沛、动感

8) 华丽、花哨、女性化

在经营女性化用品的店铺中，紫色和红色是主角，粉红色和绿色也是常用色彩。一般要将它们进行高饱和度的搭配，如图1-38所示。此配色常用于经营女性用品的网店。

图1-38　华丽、花哨、女性化

9) 回味、女性化、优雅

要想给人以优雅的感觉，色彩的饱和度一般要降下来。通常用蓝色和红色之间的相邻色来搭配，并调节亮度和饱和度，如图1-39所示。此配色常用于经营女性用品的网店。

图1-39　回味、女性化、优雅

10) 高尚、自然、安稳

要想给人以高尚的印象，一般要用低亮度的黄绿色，色彩亮度要降低，注意色彩的平衡，这样页面就会显得安稳，如图1-40所示。此色彩搭配常用于经营老人用品的网店。

11) 冷静、自然

绿色给人以冷静、自然的印象，但是绿色作为页面的主要色彩，容易给人过于消极的感觉，因此应该特别重视图案的设计，如图1-41所示。此色彩搭配常用于经营茶叶及相关产品的网店。

图1-40　高尚、自然、安稳

图1-41　冷静、自然

12）传统、高雅、优雅

要想给人以传统的印象，一般要降低色彩的饱和度，棕色特别适合表达高雅和优雅的气质，如图1-42所示。此配色常用于经营家纺及居家用品的网店。

图1-42　传统、高雅、优雅

13）传统、稳重、古典

传统、稳重、古典都给人以保守的印象，在色彩的选择上应该尽量用低亮度的暖色，这种搭配符合成熟的审美，如图1-43所示。此配色常用于经营家具建材产品的网店。

图1-43　传统、稳重、古典

第1章 网店美工须掌握的基础操作

14）忠厚、稳重、有品位

亮度、饱和度偏低的色彩会给人忠厚、稳重的感觉。为了避免色彩过于保守，使页面僵化、消极，搭配应当注重冷暖结合和明暗对比，如图1-44所示。此配色常用于经营珠宝或仿古产品的网店。

图1-44　忠厚、稳重、有品位

15）简单、洁净、进步

要想表现简单、洁净，可以使用蓝色和绿色，并大面积留白。而要给人以进步的印象，可以多用蓝色搭配低饱和度的颜色甚至是灰色，如图1-45所示。此配色常用于经营男性用品的网店。

图1-45　简单、洁净、进步

16）简单、时尚、高雅

灰色是最为平衡的色彩，并且是表现塑料金属质感的主要色彩之一。要想表达高雅、时尚的感觉，可以适当使用灰色，甚至大面积使用。但是要注重图案和质感的构造，如图1-46所示。此配色常用于经营男性用品的网店。

图1-46　简单、时尚、高雅

17）简单、进步、时尚

简单、进步、时尚的色彩多数以灰色、蓝色和绿色作为主导色，在网页中多体现时尚、大方的个性，如图1-47所示。此色彩搭配常用于与男性有关的网店。

图1-47　简单、进步、时尚

3. 按色系分类配色

可按色系对色彩进行分类。色系即色彩的冷暖分类。根据心理感受，色彩学把颜色分为暖色调（红、橙、黄）、冷色调（青、蓝）和中性色调（紫、绿、黑、灰、白），如图1-48所示为冷暖色系分布。

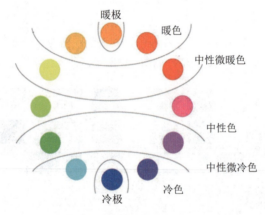

图1-48　冷暖色系分布

1.2.7　网店图像配色

网店中的图像配色可以按照不同的颜色调和进行搭配，具体的颜色搭配可参考如图1-49所示的色环。

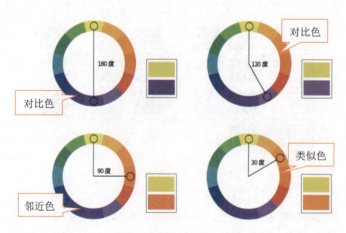

图1-49　色环

1. 同种色搭配

同种色具有相同色相、不同明度和纯度的色彩调和。调整方法为：保持色相值不变，在明度、纯度的变化上，形成强弱、高低的对比，以弥补同色调和的单调感，如图1-50所示。

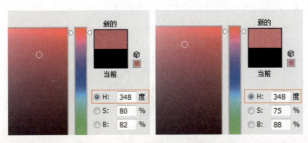

图1-50　色相不变时的同种色

2. 类似色搭配

以色相接近的某类色彩（如红与橙、蓝与紫等）调和，称为类似色的调和。类似色的调和主要靠类似色之间的共同色来产生作用。色环保持在60度以内，如图1-51所示。

图1-51　类似色搭配

3. 对比色搭配

以色相相对或色性相对的某类色彩（如红与绿、黄与紫、蓝与橙）调和。调和方法：选用一种对比色将其纯度提高或降低另一种对比色的纯度；在对比色之间插入分割色（金、银、黑、白、灰等）；采用双方面积大小不同的处理方法，以达到对比中的和谐；对比色之间具有类似色的关系，也可起到调和的作用。可采用色环120～180度的颜色进行搭配，如图1-52所示。

对比色的选取方法可以利用黄金分割法。众所周知，数学上有一个黄金分割点，据说用此比例数（0.618）分割是最具美感的。在Photoshop中的亮度是以百分比来划分的，在"拾色器"对话框中，HSB模式中的B表示的就是亮度值。

图1-52 对比色搭配

而根据黄金分割点数值，将亮度最高值的100%乘以黄金分割点0.618，得出的结果约为62%，此时设置背景颜色的亮度值为0~38%时，根据色环与之对比的颜色就加上62%；当背景颜色为62%~100%时，根据色环与之对比的颜色就减去62%，此时就会得到一个非常适合的对比色效果，如图1-53所示。这时的效果对比既清晰又不刺眼。当然，作为设计师还是不要只依据此数据，设计更多的不是依赖理论，而是靠感觉。

图1-53 对比色

4．色彩搭配技巧

在网店页面中，能够真正吸引买家注意的广告图像通常会出现在页面的第一屏与第二屏中，目的就是勾起买家的购买欲望。忽略图像设计的构图版式，配色应该是最能刺激人们视觉的元素了。好的图像配色给人的感觉是舒服，在设计配色时最好不要超过3种色彩，色彩太多会在视觉中产生混乱的效果。在为图像配色时，最好能够在色相、饱和度或明度中选择一种保持相近，这样的配色不会让人在视觉中产生厌烦。如图1-54所示的图像配色会让买家有一种非常繁乱的感觉。

图1-54 色彩繁乱的配色

图1-54 色彩繁乱的配色（续）

从图1-54中选择的颜色不难看出，其中的色相、饱和度及明度没有一种是保持相近的，所以会令人产生较为混乱的感觉。将配色按照饱和度相近的方法进行调整后，整个图像给人的感觉马上出现了一个质的飞跃，如图1-55所示。

图1-55 饱和度相一致的色调

温馨提示：

在设计配色时应该按场景决定配色，不要只按照单一的数值来决定具体的配色。

如果将色调定为永不过时的黑白色，更能凸显前面模特的气质，使大家将视觉快速转移到模特身上；如果再点缀以品红色，那么整体图像就会显得更有女人味，更加高端、大气，如图1-56所示。

图1-56　黑白配色

选择一种大面积的高纯度颜色与浅色作为图像的背景，更能提升整体图像的视觉吸引力，如图1-57所示。

图1-57　大面积背景配色

1.3　网店图像的布局

进入网店后，能够第一时间体现当前网店个性的内容除了配色以外，恐怕就是版式布局了。一个好的布局可以让网店看起来更加富有层次感，更加高端大气。参与整体布局的图像内容是需要设计师进行精心设计的，但只有在细节上注意每个区域点，才能让整个网店更加吸引人，给人的感觉也会更加正规和用心。

1.3.1　图片基本构图

对于美工来说，图像的布局可以分为前期采集设计和后期加工设计两种。本小节主要讲的内容是在对商品进行拍摄时的前期摆放。让商品变为图片时，就要进行布局的设计，不同的摆放方式可以使商品更能与网店的主题相搭配。在很大程度上，构图决定作品构思的实现，决定着整个作品的成败。在采集商品图像时，常见的构图方式如图1-58所示。下面就来讲解其中的几种构图方式。

第1章 网店美工须掌握的基础操作

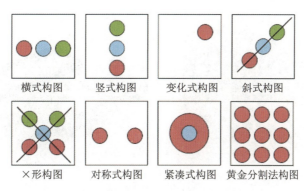

图1-58　几种构图方式

1. 横式构图

横式构图是商品呈横向放置或横向排列的横幅构图方式。这种构图给人的感觉是稳定、可靠，多用于表现商品的稳固，并给人安全感，是一种常用的拍摄构图方式，如图1-59所示。

图1-59　横式构图

2. 竖式构图

竖式构图是商品呈竖向放置或竖向排列的竖幅构图方式。这种构图给人的感觉是高挑和秀朗，常用来拍摄长条或者竖立的商品。竖式构图在商品拍摄时也是经常使用的，如图1-60所示。

图1-60　竖式构图

3. 斜式构图

斜式构图是商品呈斜向摆放的构图方式。这种构图的特点是富有动感、个性突出。对于造型、色彩或者理念等较为突出的商品，斜式构图方式较为常用，使用得当可以得到不错的画面效果，如图1-61所示。

图1-61　斜式构图

4. 黄金分割法构图

在摄影构图中一般比较忌讳将拍摄的主体置于画面正中间位置,然而这又是很多电商拍摄者经常会犯的一个错误。黄金分割法的构图方式,画面的长宽比例通常为10∶7。由于按此比例设计的造型十分亮丽,因此被称为黄金分割。在黄金分割的九宫格内相交的4个点处是放置主体的位置,这样可以将画面布置得更加完美,如图1-62所示。

图1-62　黄金分割法的构图方式

5. 对称式构图

为了凸显主体,在拍摄时常常将其放置到画面的中间,左右基本对称,这样做是因为很多人喜欢把视平线放在中间,上下的空间比例大体匀称。对称式构图具有平衡、稳定和相呼应的特点,缺点是表现呆板、缺少变化。为了防止这种呆板的表现形式,拍摄时常常会在对称中构建一点点的不对称,如图1-63所示。

图1-63　对称式构图

6. 其他形式的构图

商品的摆放其实也是一种陈列艺术,同一种商品按照不同风格摆放会得到意想不到的视觉效果,如图1-64所示。

图1-64　其他形式的构图

1.3.2　图像中文本布局规则

对于网店美工来说,最常用到的文本布局,在与图像相配合时大体可以分为对齐布局、参照布局、对比布局及分组布局4种,每种布局都有自己的特点。下面就来看看这4种布局的具体使用方法。

1. 对齐布局

文本对齐布局通常会以边对齐和居中对齐两种形态存在,每种对齐方式都是以产品本身图片作为依据的。

1）边对齐

在网店美工中,使用边对齐通常会以文本的一端作为对齐线,使文本从整体上看起来给人以稳重、力量、统一、工整的感觉,是网店中最常见的一种文本布局方式,如图1-65所示。边对齐比较适合新手操作,只要掌控画面整体,文本部分在主体边上注意对齐即可。

图1-65　边对齐

图1-65 边对齐（续）

2）居中对齐

在网店美工中，使用居中对齐通常会以文本的水平居中位置作为对齐线，或者对文本与整个画面进行居中对齐，使文本从整体上看起来给人以正式、大气、高端、有品质的感觉。在网店海报中，居中对齐通常要把文字直接打在商品上面，文案部分的遮挡会与主体部分形成前后位置的感觉，看起来更加具有层次感；在不遮挡主体时，单纯的文字居中对齐，同样会使整张海报具有大气上档次的感觉，如图1-66所示。

图1-66 居中对齐

2. 参照布局

参照布局通常是指根据美工得到图片的类型，将文本部分依照图片特点进行合理位置布局的方法。根据主图的特点，文本在图像中主要起到平衡整体的作用，如图1-67所示。此布局方法不适合初学者。

图1-67　参照布局

3. 对比布局

在一幅作品中，如果不能体现对比，那么就不能说此作品中存在设计。人们大多不喜欢欣赏平淡无奇的东西，而是喜欢存在对比效果的画面。

使用有对比效果的排版技巧，可以瞬间增强画面的视觉效果。对比原则包含的内容很多，如虚实对比、冷暖对比、字体粗细对比等，如图1-68所示。不同类型的局部对比，其视觉效果也会不同。

温馨提示：

通过两张图片的对比，我们不难看出在排版时单单使用对齐是远远不够的。在对齐的基础之上再增加对比布局，可以使图像的视觉感增加一个层次。在两张海报的对比中，我们可以发现第二张图片运用了对比原则，使画面更加吸引人；文案的组织结构也是一目了然，更便于浏览者阅读。

注意：对比布局技巧如下。

- ◎ 找出文案中重点的语句，运用大小对比和粗细对比，加强文字的强调和区分。
- ◎ 字体部分如果需要对比，就要选择对比较分明的字体；既然要对比，就要让大的够大、小

- 的够小、粗的够粗、细的够细，让浏览者更加容易记住。
- ◎ 对比不仅增强了视觉效果，而且还加强了文案的可读性。不要担心字小而让浏览者错过阅读，只要顾客被强调的部分吸引住了，下面的小文字他会下意识地进行阅读。
- ◎ 对比还可以让文本以背景的高反差效果进行显示。背景如果按不同的颜色形状进行绘制，将上面的文字与背景色作为对比参照物，更能吸引浏览者，加强整体视觉效果。

图1-68　对比布局

4. 分组布局

如果在图像中存在的文案过多，就不能单纯地使用对齐加对比等布局效果了，而是需要将文本进行分组，将相同的文本信息文案摆放在一起，这样不仅使整个画面看起来有条理、美观，而且有利于浏览者进行阅读。每个分组可以作为一个元素进行重新布局，如图1-69所示。

图1-69　分组布局

1.3.3 图像参与布局的规则

在对电商广告进行设计时,图像通常会在视觉中起到传达第一视点的作用。从传统的整体图像参与设计,到局部参与设计,再到多视角参与设计以及超出范围参与设计,无论是哪一种方式,最终目的都是吸引买家注意,从而增加店铺的流量。

1. 整体图像参与设计

整体参与设计的图像,可以让浏览者看到商品的整体,在视觉中不会出现丢失部分。这种设计方法常被用到传统的设计中,好处就是可以看到商品本身的样貌;缺点是缺少买家对商品本身的一些遐想,如图1-70所示。

图1-70　整体图像参与的设计

2. 局部参与设计

被切断的图像在整体作品中是完整图像的对立面,视觉上的不完整性,会使买家在大脑中自动填补其完整形态,让浏览者为了联想商品完整性而停留更长的时间。这种设计不但可以为店铺带来新的视觉感受,还为买家预留了想象空间,如图1-71所示。

图1-71　局部参与的设计

> **技巧:**
> 切断图片时,切记不要把图片中的代表区域切掉。保留局部的图像在固定图像中可以更大化地显示商品的重要部分,这样可以更好地吸引买家目光。

3. 多视角参与设计

常规视角的图片在设计中已经司空见惯了,大多数网店都是以传统视角进行主图设计,这样的图片看多了就会令人产生审美疲劳,也就会使对买家的吸引力逐渐降低。按照此逻辑,正好可以在商品视角的运用上进行大胆的尝试，使买家产生新鲜感，从心理上感觉眼前一亮，这无形中会对店铺的流量产生推动力，如图1-72所示。

图1-72　多视角参与的设计

4. 超出范围参与设计

超出范围指的就是冲破版面的束缚，从而吸引眼球，也就是素材本身的某个部分在规划设计区以外。在如图1-73所示的图像中，模特人物的头部探出了设计区的框架，此种设计方式打破了原有的物体封闭性，给买家带来了新的视觉冲击。

图1-73　超出范围参与的设计

1.3.4　版面布局设计

在设计布局版面时，虽然网店的页面设计不如网页页面设计灵活，但是它们有许多相近之处，最终的目的都是在视觉上得到一个满意的效果，让买家进入店铺就能被吸引。网店的整体布局主要可以按照淘宝店铺为大家提供的功能做进一步设计与操作，如图1-74所示。

图1-74　构图

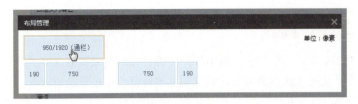

图1-74 构图（续）

　　一个好的整个或局部的图像布局可以让浏览者眼前一亮，而最常用的几种局部布局如图1-75所示。

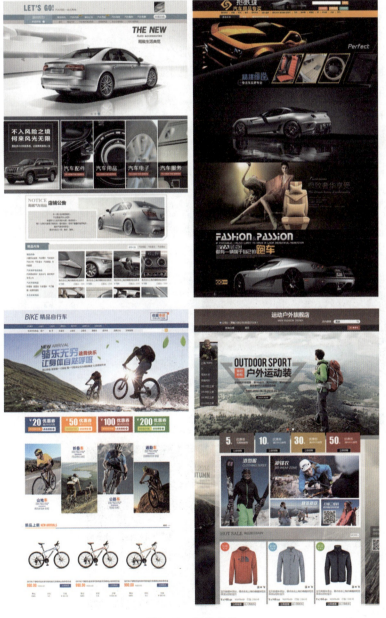

图1-75 版式布局

1.4 美工修图基础

对于网店的美工来说,不是只会采集图片并能进行相应布局调整就够了,后期的修图也是非常重要的一项工作。无论是色调的调整、瑕疵图片的修复,还是更换新背景,这些内容都可以使网店中的商品更好地凸显其本身特点。

> **温馨提示:**
> 由于篇幅有限,本节中的部分案例具体操作可以通过随书附带的视频进行详细学习。

1.4.1 宝贝图片色调调整

拍摄宝贝(指网店销售的商品)时,并不是所有的图像都能达到理想效果,有时会因为环境的问题,使拍出的照片出现发暗、曝光不足、颜色不正等瑕疵。本小节就以案例的方式为大家讲解通过Photoshop校正此类问题的方法。

1. 处理曝光不足或过暗的图片

在光线不足的环境中拍摄照片时,如果没有控制好相机的参数,就会拍出太亮或太暗的照片。如果照片曝光不足,画面会发灰或发黑,从而影响照片的质量。要想将照片以最佳的状态进行保存,一是在拍照时调整好光圈、角度和位置,以得到最佳效果;二是使用Photoshop对照片进行修改,得到最佳效果。其中,最常用的就是对"色阶"和"曲线"等进行调整。

以"色阶"调整为例,打开曝光不足的照片,在"色阶"对话框中查看直方图区域,发现像素都分布在了阴影区域中,这时只要将"高光"控制滑块向有像素分布的区域拖动,就可以将曝光不足或过暗的图片调整到最佳效果,如图1-76所示。

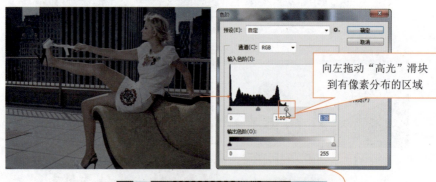

图1-76 用色阶调整曝光不足的照片

> **技巧：**
> 对于初学者来说，使用对话框有可能不太习惯，大家可以直接通过命令调整曝光不足图片的发暗效果，执行菜单栏中的"图像"|"自动色调"命令就可以快速调整曝光不足的图片效果，如图1-77所示。

图1-77　通过命令调整色调

2. 处理曝光过度或过亮的图片

在拍摄相片时，由于对相机的控制不佳再加上光线过强，会拍摄出照片整体发白的效果，对比不够强烈，使用Photoshop中的"色阶"命令可以对照片进行对比度的调整，如图1-78所示。

图1-78　用色阶调整曝光过度的照片

3. 处理偏色的图片

在使用相机拍照时，常常会出现一些偏色的照片，本例就带领大家学习使用Photoshop轻松修正照片偏色的方法，从而还原照片的本色。具体操作如下。

操作步骤：

❶ 启动Photoshop软件，打开一张偏色的照片，如图1-79所示。

❷ 从打开的素材中可以看到照片有偏色问题，下面就对偏色进行处理。执行菜单栏中的"窗口"|"信息"命令，打开"信息"面板，在工具箱中选择 🖋（吸管工具），设置"取样大小"为"3×3平均"，如图1-80所示。

图1-79　素材

图1-80　设置吸管工具

❓ 注意：

如果想确认照片是否偏色，最简单的方法就是使用"信息"面板查看照片中的灰色区域。因为灰色属于中性色，这些区域的RGB颜色值应该是相等的，如果发现某个数值太高，就可以判断该照片为偏色照片。

💡 温馨提示：

在照片中寻找灰色的区域，如灰色路灯杆、灰色路面、墙面等。由于每个显示器的色彩都存在差异，所以最好使用"信息"面板来精确判断，再对其进行修正。

❸ 要想确定是否偏色，只能在灰色中看RGB的数值。选择 🖋（吸管工具）后，将鼠标指针移到相片中本应为灰色的人物阴影上，此时在"信息"面板中查看RGB值，绿色太高、蓝色太低，说明相片为多绿少蓝问题，如图1-81所示。

图1-81　查找灰色

❹ 在"图层"面板中单击"创建新的填充或调整图层"按钮,在弹出的下拉菜单中选择"曲线"命令,打开"曲线"属性面板。由于图像多绿少蓝,在面板中分别选择"绿"和"蓝"通道,拖动曲线降低绿色、增加蓝色,如图1-82所示。

图1-82 调整"曲线"

❺ 再次将鼠标指针移到人物阴影区域,在"信息"面板中查看RGB值,发现数值比较接近,证明已经不偏色了,如图1-83所示。

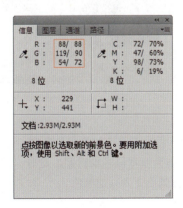

图1-83 "信息"面板

❻ 在"曲线"属性面板中选择RGB通道,将"阴影"和"高光"控制滑块拖曳到有像素分布的区域,以此来增强图像的对比度,完成偏色的调整,如图1-84所示。

图1-84 完成偏色照片的调整

> **技巧:**
> 除了使用"曲线"属性面板对偏色照片进行调整外,还可以通过"色阶"和"色彩平衡"属性面板来快速校正偏色,如图1-85所示。

图1-85 校正偏色

4.为商品改色

现在的商品琳琅满目、五颜六色,但是在给产品拍照时,会由于颜色不全造成有的产品无法拍照,而等到产品到货后再拍,则会浪费很多的时间。这时只要使用Photoshop中的"色相/饱和度"调整功能,就可以轻松将一种颜色变为其他颜色。

操作步骤:

❶ 启动Photoshop软件,打开一张网拍照片,如图1-86所示。

❷ 在"图层"面板中单击"创建新的填充或调整图层"按钮,在弹出的下拉菜单中选择"色相/饱和度"命令,如图1-87所示。

图1-86 素材

图1-87 选择命令

❸ 在打开的"色相/饱和度"属性面板中,由于调整的只是T恤区域的颜色,这里我们将调整范围选择"蓝色",之后拖动"色相"控制滑块,此时通过预览可以看到T恤中青色的颜色发生了变化,如图1-88所示。

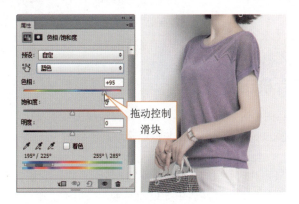
图1-88 调整色相

技巧:

如果发现应该调整的区域有局部没有被调整,可以单击属性面板中的"添加到颜色"按钮,在T恤中未变色的区域单击,将其添加到变色区域。

❹ 继续拖动"色相"控制滑块,可以调整更多的颜色,效果如图1-89所示。

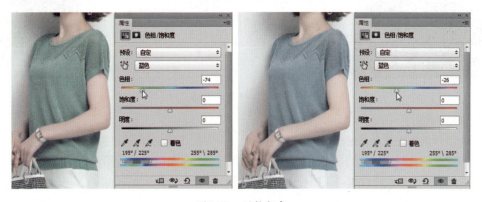
图1-89 调整颜色

> **技巧：**
> 使用"色相/饱和度"调整颜色时，如果调整范围选择单色，只会对选取的颜色进行调整；如果调整范围选择的是全图，则会针对所有颜色进行调整。创建选区后，可以只对选区内的图像进行调整，如图1-90所示。要想改变灰度图像的色相，必须先勾选"着色"复选框。

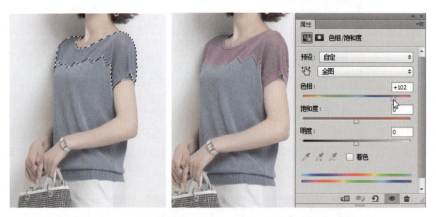

图1-90 调整局部颜色

1.4.2 宝贝图片校正

在采集网店中的商品图像时，有时会因为各种原因造成图片本身出现倾斜、需要裁切、直横幅转换等问题，这些问题在Photoshop中可以非常轻松地搞定。

1. 直横幅变换

当使用数码相机拍摄照片时，由于相机没有自动转正功能，会使输入到计算机中的照片由直幅变为横躺效果，将其直接上传到网店中会使商品看起来很不舒服，造成商品的成交率大大下降。此时即可利用Photoshop中的"图像旋转"命令将其校正过来，如图1-91所示。

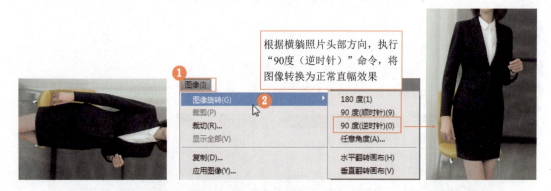

图1-91 横幅变直幅

2. 校正倾斜

照片的倾斜校正就是通过Photoshop快速将照片内容按正确位置和角度旋转并进行二次裁剪，也就是对宝贝图片进行二次构图，方法是使用 ![] （裁剪工具）创建裁剪框后，再使用选项栏中的"拉直"功能将倾斜照片校正，如图1-92所示。

第1章 网店美工须掌握的基础操作

图1-92 校正倾斜

> **技巧：**
> 使用 ▭（标尺工具）一样可以将倾斜的照片进行校正。在水平面上绘制直线后，再在选项栏中单击"拉直图层"按钮，就可以将倾斜照片进行校正，如图1-93所示。最后再进行裁剪即可。

图1-93 使用标尺工具校正倾斜照片

3．裁剪图像

Photoshop软件中的裁剪功能可以将图片按随意大小进行裁剪，也可以按固定数值大小进行裁剪，在选项栏中设置"宽度""高度"和"分辨率"后，在图像中拖动裁剪框就可以按照设定的尺寸进行裁剪，如图1-94所示。

图1-94 设置裁剪尺寸

网店中需要的图片尺寸取决于淘宝的要求，不同区域图片的大小是不同的，下面就详细说明各个区域的图像尺寸。
- 店标：文件格式为GIF、JPG、JPEG、PNG，文件大小在80KB以内，建议尺寸为80像素×80像素。
- 店招：宽度为950像素，高度建议不超过120像素。
- 全屏通栏广告：宽度为1920像素，高度尽量根据首屏的高度进行设置，建议为500～600像素。
- 标准通栏广告：宽度为950像素，高度尽量根据首屏的高度进行设置，建议为500～600像素。
- 轮播图：不同区域的轮播图宽度不同，高度必须为100～600像素，宽度可以是1920像素、950像素、750像素和190像素。
- 自定义内容区：如果分成左右两个部分的话，宽度为190像素和750像素两种，高度根据广告内容自行设置。
- 宝贝图片：必须是1∶1的正方形，长、宽最好设置为800像素。
- 宝贝详情页：宽度为750像素，高度可以根据内容自行设置。

1.4.3 瑕疵图片处理

对于网店美工来说，瑕疵无外乎是采集图片时出现的污点、照片中多余的物体或日期以及直接从网上下载图片时出现的水印等。处理这种照片能够应用的命令或工具很多，对于初学者来说当然是操作越简单越好。

1. 通过选区结合命令去除污点或日期

这里所说的命令，最好用的就是"填充"对话框中的"内容识别"功能。方法是通过选区工具在污迹或日期上创建一个选区，之后执行菜单栏中的"编辑"|"填充"命令，打开"填充"对话框，在"使用"下拉列表中选择"内容识别"选项，然后单击"确定"按钮，就可以将其修复，如图1-95所示。

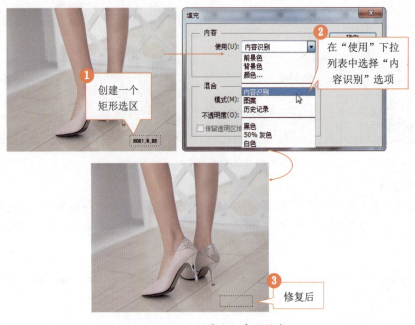

图1-95　通过"填充"命令修复

第1章 网店美工须掌握的基础操作

技巧：

使用 ◉（修补工具）一样可以将图片中的污迹或日期去掉。使用 ◉（修补工具）在日期或污点上创建选区，之后拖曳选区到附近像素相近的区域，释放鼠标即可修复，如图1-96所示。

图1-96 使用修补工具修复污点区域

2. 快速涂抹去掉多余物品

这里所说的快速涂抹是指使用 ◈（污点修复画笔工具），使用该工具可以十分轻松地将图像中的瑕疵修复。该工具的使用方法非常简单，只要将鼠标指针移到要修复的位置，按住鼠标左键拖动即可对图像进行修复，其原理是将修复区周围的像素与之相融合，如图1-97所示。

图1-97 修复

温馨提示：

使用污点修复画笔工具修复图片时，最好将画笔调整得比污点大一些。如果修复区的边缘像素反差较大，建议在修复区周围先创建选区范围再进行修复。

3. 修掉图片中的水印

使用 ◈（修复画笔工具）可以对被破坏的图片或有瑕疵的图片进行修复。使用样本像素进行修复的同时，可以把样本像素的纹理、光照、透明度和阴影与所修复的像素相融合。◈（修复画笔工具）一般用于修复瑕疵图片。

（修复画笔工具）的使用方法是：❶在需要被修复的图像周围按住Alt键单击鼠标设置源文件的选取点，❷释放鼠标将指针移动到要修复的地方，按住鼠标跟随目标选取点拖动，❸便可以轻松修复，如图1-98所示为修复图像的过程。

图1-98　修复瑕疵

掌握了 （修复画笔工具）的使用方法后，就可以通过下面的操作进行水印清除了。

操作步骤：

❶ 启动Photoshop软件，打开一张有水印的毛绒玩具素材，如图1-99所示。

❷ 选择 （修复画笔工具），在选项栏中设置"画笔"直径为25、"模式"为"正常"，选中"取样"单选按钮，按住Alt键在水印下面的玩具脚底单击鼠标左键进行取样，如图1-100所示。

图1-99　素材　　　　　　图1-100　设置修复画笔工具

温馨提示：

使用 （修复画笔工具）修复图像时，最好按照被修复区域应该存在的像素在附近进行取样，这样能将图像修复得更好。

❸ 取样完毕后，将鼠标指针移到水印文字上，按住鼠标拖动覆盖整个文字区域，修复过程如图1-101所示。

图1-101　修复过程

第1章 网店美工须掌握的基础操作

❹ 使用同样的方法，对黄线边缘水印进一步修复，使图像看起来更加完美，效果如图1-102所示。

图1-102 修复后

1.4.4 人物磨皮处理

磨皮是网店美工必须掌握的知识点。一名模特如果面部非常粗糙，不会有多大的吸引力，但是如果面部光滑白嫩，就会引起大多数人的注意。本小节就向大家讲解一种比较实用并且快速的磨皮方法，此方法可以将皮肤变得滑嫩白皙。

操作步骤：

❶ 启动Photoshop软件，打开一张需要祛斑的照片，如图1-103所示。

❷ 选择 （污点修复画笔工具），在选项栏中设置"模式"为"正常"、"类型"为"内容识别"，在脸上雀斑较大的位置单击，对其进行初步修复，如图1-104所示。

图1-103 素材

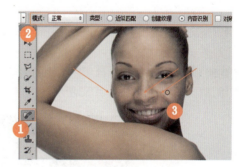

图1-104 使用污点修复画笔工具

❸ 执行菜单栏中的"滤镜"|"模糊"|"高斯模糊"命令，打开"高斯模糊"对话框，设置"半径"为7像素，如图1-105所示。

❹ 设置完毕单击"确定"按钮，效果如图1-106所示。

图1-105 "高斯模糊"对话框

图1-106 模糊后

❺ 选择 （历史记录画笔工具），在选项栏中设置"不透明度"为38%、"流量"为38%，执行菜单栏中的"窗口"|"历史记录"命令，打开"历史记录"面板，在面板中"高斯模糊"步骤前单击，调出恢复源，再选择最后一个"污点修复画笔"选项，使用 （历史记录画笔工具）在人物的面部涂抹，效果如图1-107所示。

图1-107 修复效果

💡 **温馨提示：**

在使用 🖌（历史记录画笔工具）恢复某个步骤时，将"不透明度"与"流量"设置得小一些，可以避免恢复过程中出现较生硬效果。将数值设置小一点可以在同一点进行多次涂抹修复，而不会对图像造成太大的破坏。

❻ 使用 🖌（历史记录画笔工具）在人物的面部需要美容的位置进行涂抹，可以在同一位置进行多次涂抹，恢复过程如图1-108所示。

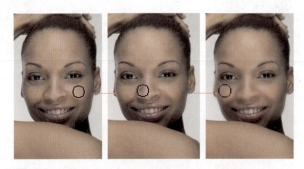

图1-108 恢复过程

❼ 在人物的皮肤上进行精心的涂抹，直到自己满意为止，效果如图1-109所示。

图1-109 磨皮后

❽ 面部雀斑修正完毕后，再为人物的肤色增加一些红润度。执行菜单栏中的"图像"|"调整"|"色阶"命令，打开"色阶"对话框，其中的参数设置如图1-110所示。

❾ 设置完毕后单击"确定"按钮，此时模特照片调整完成，效果如图1-111所示。

第1章 网店美工须掌握的基础操作

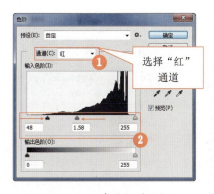

图1-110 "色阶"对话框

图1-111 最终效果

☀ **温馨提示：**

在对因为拍摄环境导致或本身皮肤较黑的模特进行肤色美白时，可以通过"色阶"命令或使用 ■（减淡工具）直接在皮肤处涂抹，快速将皮肤进行美白，如图1-112所示。

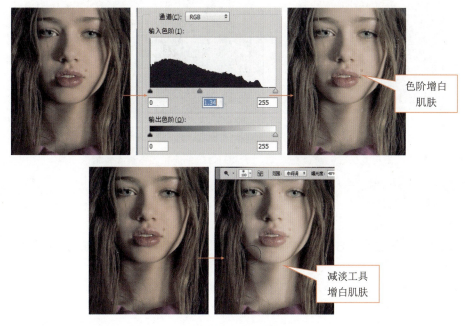

图1-112 美白皮肤

1.4.5 校正模糊图片

对于淘宝卖家而言，经常会遇到拍摄的照片清晰度不够的问题。如果想要得到清晰的图片，就需要进行后期处理，常用的方法就是使用"高反差保留"滤镜或"USM锐化"滤镜。这两个操作都非常简单，很适合初学者使用。先看一下通过"高反差保留"滤镜处理图片的方法。

操作步骤：

❶ 启动Photoshop软件，打开一张模糊照片素材，如图1-113所示。该照片的清晰度好像差一点点，下面就开始调整清晰度。

❷ 按Ctrl+J组合键得到"图层1"图层，如图1-114所示。

图1-113　素材

图1-114　复制图层

❸ 执行菜单栏中的"滤镜"|"其他"|"高反差保留"命令，打开"高反差保留"对话框，设置"半径"为2.1像素，如图1-115所示。

❹ 设置完毕单击"确定"按钮，在"图层"面板中设置"混合模式"为"线性光"、"不透明度"为40%，如图1-116所示。

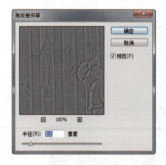

图1-115　"高反差保留"对话框

图1-116　设置混合模式与不透明度

❺ 此时通过对比可以发现图片已经清晰了很多，如图1-117所示。

下面再看一下通过"USM锐化"滤镜来处理的方法。

操作步骤：

❶ 启动Photoshop软件，打开一张有点模糊的宝贝照片，见图1-113。如果直接将此照片上传到网店中，由于不是很清晰，势必会影响此产品的销量。

❷ 下面我们就对模糊的效果进行调整。在Photoshop中，执行菜单栏中的"滤镜"|"模糊"|"USM锐化"命令，打开"USM锐化"对话框，其中的参数设置如图1-118所示。

图1-117　调整后的清晰度

图1-118　"USM锐化"对话框

第1章 网店美工须掌握的基础操作

> **技巧：**
> 使用"USM锐化"滤镜对模糊图像进行处理时，可根据照片中的图像进行参数设置，如近身半身像，参数可以比本例设置得小一些，如数量：75%、半径：2像素、阈值：6色阶；若图像为主体柔和的花卉、水果、动物，建议设置数量：150%、半径：1像素，阈值根据图像中的杂色分布情况，数值大一些也可以；若图像为线条分明的石头、建筑、机械，建议设置"半径"为3或4像素，但同时要将"数量"值稍微减弱，这样才不会在像素边缘出现光晕或杂色，"阈值"则不宜设置太高。

③ 设置完毕单击"确定"按钮，效果如图1-119所示。

图1-119　最终效果

> **技巧：**
> 对于一般的模糊照片，我们只要执行菜单栏中的"滤镜"|"锐化"|"锐化或进一步锐化"命令，即可将图片调整清晰，也可以通过 △（锐化工具）在图像中进行简单的涂抹来完成清晰度的调整。

1.5　网店中常用的美工抠图

在网店设计中，只要涉及图片，就离不开抠图的操作。抠图大体可分为按形状抠图和按图像抠图两种；详细来讲可以分为按规则几何图形进行抠图、复杂图像快速抠图、复杂图像精细抠图、透明图像抠图以及毛发抠图等。

1.5.1　按规则几何图形进行抠图

规则几何图形通常指的是矩形或圆形，在抠图时所用到的工具就是选区工具组中的 ▭（矩形选框工具）和 ○（椭圆选框工具）。这两个工具的使用方法大致相同，都是在图像中按住鼠标向对角拖动，释放鼠标即可创建选区，将选区内的图像拖曳到新背景上就可以完成抠图了。但如果是圆角矩形，就需要对绘制的矩形选区应用"平滑"命令或者直接使用 ▢（圆角矩形工具），抠图效果如图1-120所示。

图1-120　矩形抠图

如果针对的是正圆形，就可以使用 ◯（椭圆选框工具），按住Shift键的同时拖动鼠标就可以创建一个正圆选区，抠图效果如图1-121所示。

图1-121　正圆形抠图

1.5.2　复杂图像快速抠图

对于比较复杂的图像，如果想要快速进行抠图换背景，就得选对与之对应的工具。在Photoshop中，能够完成这个任务的工具主要有 ◯（魔术橡皮擦）、◯（快速选择工具）和 ◯（魔棒工具），这3种工具通过智能运算的方式进行图像的选取。其中，◯（快速选择工具）是使用率最高的，下面就按照这个工具的性能进行复杂图像的快速抠图。该工具可以快速在图像中对需要选取的部分建立选区，使用方法非常简单，选择该工具后，在图像中拖动即可将鼠标经过的地方创建选区，将选区内的图像拖曳到新背景中就可以完成抠图了，如图1-122所示。

创建选区

更换背景

图1-122　使用快速选择工具抠图

1.5.3　复杂图像精细抠图

对复杂图像进行精确抠图时，在操作上就烦琐一些，但是抠图的质量会高很多。能够支持此项任务的工具主要有 ❏（钢笔工具）、❏（多边形套索工具）和 ❏（磁性套索工具），这几种工具从抠图细致程度来说，❏（钢笔工具）是绝对的佼佼者，因为它可以在两点之间创建曲线。

该工具的使用方法也非常简单。只要在页面中的一点单击，移动到下一点再单击，就会创建直线路径；在下一点按住鼠标，并拖动会创建曲线路径；按Enter键，绘制的路径会形成不封闭的路径；在绘制路径的过程中，当起始点的锚点与终点的锚点相交时，鼠标指针会变成 ❏ 形状，此时单击鼠标，会将该路径创建成封闭路径。

1. 创建路径

使用 ❏（钢笔工具）绘制直线路径、曲线路径和封闭路径的方法如下。

操作步骤：

❶ 启动Photoshop软件，新建一个空白文档，选择 ❏（钢笔工具），在页面中选择起点单击，移动到另一点后再单击，会得到如图1-123所示的直线路径。按Enter键，直线路径绘制完毕。

❷ 新建一个空白文档，选择 ❏（钢笔工具），在页面中选择起点单击，移动到另一点后按住鼠标拖动，会得到如图1-124所示的曲线路径。按Enter键，曲线路径绘制完毕。

图1-123　直线路径　　　　　图1-124　曲线路径

③ 新建一个空白文档，选择 ![钢笔] （钢笔工具），在页面中选择起点单击，移动到另一点后按住鼠标拖动，释放鼠标后拖动到起始点单击，会得到如图1-125所示的封闭路径。按Enter键，封闭路径绘制完毕。

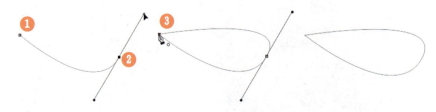

图1-125　封闭路径

2. 路径转换为选区

通过 ![钢笔] （钢笔工具）创建的路径是不能直接进行抠图的，需要将创建的路径转换为选区，用 ![移动] （移动工具）将选区内的图像移动到新背景中即可完成抠图。在Photoshop中将路径转换为选区的方法很简单，可以直接按Ctrl+Enter组合键将路径转换为选区；可以通过"路径"面板中的"将路径作为选区载入"按钮 ![] 将路径转换为选区；如果在Photoshop CC中，可以直接在选项栏中单击"建立选区"按钮将路径转换为选区；或者在弹出菜单中执行"建立选区"命令，将路径转换为选区。

3. 使用钢笔工具进行精确抠图

为了能够体现出 ![钢笔] （钢笔工具）在抠图时的优势，笔者为大家准备了一个家居抠图案例，在这里能够清楚地看到圆弧边缘和曲线边缘的抠取。

操作步骤：

① 启动Photoshop软件，打开一张沙发照片，如图1-126所示。

② 选择 ![钢笔] （钢笔工具）后，在选项栏中选择"模式"为"路径"，在图像中沙发边缘单击创建起始点，沿边缘移动到另一点按住鼠标创建路径连线后，拖动鼠标将连线调整为曲线，如图1-127所示。

图1-126　素材

图1-127　创建并调整路径

❸ 释放鼠标后,将指针拖动到锚点上,按住Alt键,此时指针右下角出现一个▶符号,单击鼠标将后面的控制点和控制杆消除,如图1-128所示。

▶ 技巧：

在Photoshop中使用 ☒（钢笔工具）沿图像边缘创建路径时,创建曲线后,当前锚点会同时拥有曲线特性。再创建下一点时,如果不是按照上一锚点的曲线方向进行创建,将会出现路径不能按照自己的意愿进行调整的尴尬局面。此时我们只要结合Alt键在曲线的锚点上单击,取消锚点的曲线特性,再进行下一点曲线创建时就会非常容易,如图1-129所示。

图1-128 取消控制杆和控制点　　　　图1-129 编辑

❹ 到下一点按住鼠标拖动创建贴合图像的路径曲线,再按住Alt键在锚点上单击,如图1-130所示。

图1-130 创建路径并编辑

❺ 使用同样的方法在沙发边缘创建路径,过程如图1-131所示。

图1-131 创建路径

❻ 当起点与终点相交时,指针右下角会出现一个圆圈,单击鼠标完成路径的创建,如图1-132所示。

图1-132 创建路径

❼ 路径创建完毕后，按Ctrl+Enter组合键将路径转换为选区，如图1-133所示。

> **技巧：**
> 在使用（钢笔工具）创建路径并转换成选区后，可以使用"收缩"命令，将选区收缩1~2像素，这样得到的选区会更加贴切。

❽ 打开一张背景图，将抠取的素材拖曳到背景图合适的位置，效果如图1-134所示。

图1-133 将路径转换为选区　　　　　图1-134 抠图后效果

1.5.4 透明图像抠图

在Photoshop中，对半透明对象进行抠图的功能可以在"通道"面板中完成。使用通道进行抠图时，通常需要一些工具结合"通道"面板进行操作，在操作完毕之后必须把编辑的通道转换为选区，再通过（移动工具）将选区内的图像拖动到新背景中完成抠图。对通道进行编辑时，主要使用（画笔工具），通道中黑色部分为保护区域，白色区域为可编辑区域，灰色区域将会创建半透明效果，如图1-135所示。

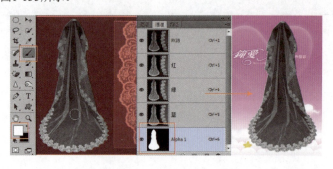

图1-135 编辑Alpha通道

第1章 网店美工须掌握的基础操作

图1-135 编辑Alpha通道（续）

技巧：

默认状态时，使用黑色、白色以及灰色编辑通道可以参考表1-1进行操作。

表1-1 编辑通道

涂抹颜色	彩色通道显示状态	载入选区
黑色	添加通道覆盖区域	添加到选区
白色	从通道中减去	从选区中减去
灰色	创建半透明效果	产生的选区为半透明

本小节向大家讲解在"通道"面板中为水杯部分进行半透明抠图。

操作步骤：

① 打开一张水杯素材，使用 ![钢笔] （钢笔工具）在杯子边缘处创建封闭路径，过程如图1-136所示。

图1-136 打开素材并创建路径

② 按Ctrl+Enter组合键将路径转换为选区，如图1-137所示。

③ 按Ctrl+J组合键得到"图层1"图层，隐藏"背景"图层，如图1-138所示。

图1-137 转换为选区　　　　图1-138 新建图层

❹ 在"图层1"图层下方新建一个图层，将其填充为黑色，效果如图1-139所示。

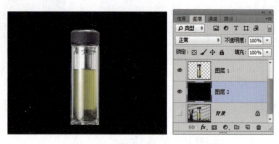

图1-139 新建图层并填充黑色

❺ 按住Ctrl键单击"图层1"图层的缩览图，调出杯子的选区，效果如图1-140所示。

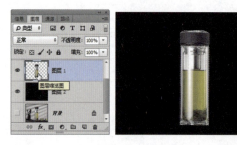

图1-140 调出选区

❻ 转换到"通道"面板，复制"红"通道，得到"红拷贝"通道，如图1-141所示。

图1-141 复制通道

❼ 执行菜单栏中的"图像"|"调整"|"反相"命令，将图像变为负片效果。再执行菜单栏中的"图像"|"调整"|"色阶"命令，打开"色阶"对话框，调整各项参数，如图1-142所示。

❽ 设置完毕，单击"确定"按钮，在通道中将杯盖和杯子中有液体的部位涂抹成白色，如图1-143所示。

图1-142 调整色阶

图1-143 编辑通道

⑨ 按住Ctrl键单击"红拷贝"通道的缩览图调出选区，选择复合通道后，切换到"图层"面板，按Ctrl+J组合键得到"图层3"图层，隐藏"图层1"图层，此时水杯抠图完成，如图1-144所示。

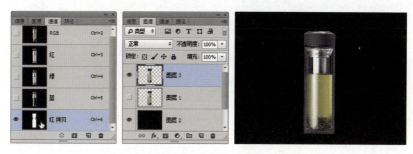

图1-144 抠图完成

⑩ 按Ctrl+C组合键复制选区内的图像，再打开随书附带的"素材\第1章\水杯背景.jpg"素材文件，按Ctrl+V组合键，将复制的选区内容粘贴到打开的文档中，如图1-145所示。

图1-145 复制并粘贴

⑪ 按Ctrl+T组合键调出变换框，拖动控制点，将图像进行适当的缩放，按Enter键完成变换后，移动图像到合适位置。至此，本例制作完毕，效果如图1-146所示。

图1-146 最终效果

1.5.5 毛发抠图

网店美工非常重要的一个抠图环节是针对图像中的毛发区域进行抠图，如果使用 （多边形套索工具）或 （钢笔工具）进行抠图，会发现头发区域的背景抠不干净，如图1-147所示。如果想将边缘的白边去掉，就需要更加细致的操作。

图1-147 模特发丝没有抠好

选区创建完毕后,可以通过"调整边缘"命令修整发丝处的背景。

操作步骤:

❶ 打开本书配备的"素材\第1章\模特.jpg"素材文件,使用 ◢(钢笔工具)在人物上创建一个封闭路径,按Ctrl+Enter组合键将路径转换成选区,如图1-148所示。

图1-148 打开素材创建路径并转换成选区

❷ 创建选区后,执行菜单栏中的"选择"|"调整边缘"命令,打开"调整边缘"对话框,选择 ◢(调整半径工具),在人物发丝边缘处按住鼠标向外拖动,如图1-149所示。

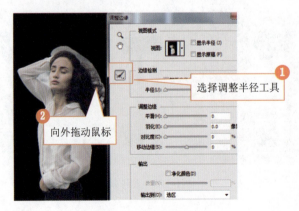

图1-149 编辑选区

❸ 在发丝处按住鼠标细心涂抹,此时会发现发丝边缘已经出现在视图中,拖动过程如图1-150所示。

❹ 涂抹后发现边缘处有多余的部分,此时只要按住Alt键在多余处拖动,就会将其复原,如图1-151所示。

第1章 网店美工须掌握的基础操作

图1-150 编辑发丝

图1-151 编辑选区

❺ 设置完毕单击"确定"按钮，调出编辑后的选区，选择 ◪（快速选择工具），在选项栏中单击 ◪（从选区中减去）按钮，去除多余区域的选区，如图1-152所示。

❻ 打开本书配备的"素材\第1章\毛发抠图背景.jpg"素材文件，使用 ◪（移动工具）将选区内的图像拖动到打开的文档中，如图1-153所示。

图1-152 去除多余选区

图1-153 移入选区内容

❼ 此时看起来发丝有一些发白，使用 ◪（加深工具）将发白的发丝调暗，如图1-154所示。

❽ 调整图像大小并将其移动到合适位置，最终效果如图1-155所示。

图1-154 调整发丝

图1-155 最终效果

1.6 修饰宝贝图像

如果网店中出售的商品照片是自己拍摄的，此时用户一定会考虑两个问题：一是如何让买家更喜欢自己的照片而进行产品购买；二是不希望自己辛苦拍摄并处理的网拍产品被人稍加篡改就变为他人的网店商品。此时就得从宝贝照片修饰方面考虑，也就是添加一些属于自己风格的图片或文字，如加一些浮在表面的水印、保护线或者是一些说明文字等，起到保护版权的作用，这样才不会被别有用心的人利用。

1.6.1　为商品图片添加保护线

上传到网店中的网拍产品，有时会被别人盗用变为自己的产品照片。如果图片不想被别人盗用，可以考虑通过Photoshop为产品添加版权保护线，从而减少别人盗用的机会。因为添加保护线后的照片会增加盗用的难度，所以想盗用的人因考虑到修图的烦琐而放弃盗用，也会间接地加大自己商品的成交概率。如图1-156所示图像为添加保护线的效果。

图1-156　添加保护线效果

温馨提示：

添加的保护线最好不要遮住商品本身，在图片中既要与主体相融合，又要起到保护本图的作用。切记不要抢了照片本来的第一视觉点。

1.6.2　为商品图片添加文字水印

为照片添加文字水印，除了能增强其专业性和整体感外，还能保护自己的照片不被外人盗用。添加的文字水印一般都比较淡，不会影响商品本身的观赏性，如图1-157所示。

图1-157　添加的文字水印

温馨提示：

为网拍商品图片添加文字水印时，在不影响整体美观的前提下，最好将水印放置到纹理较复杂的区域，这样对于盗用者来说修改起来会非常麻烦，间接地保证了网店商品的唯一性。

1.6.3　为商品图片添加图像商标或图像水印

为照片添加水印，不但可以直接输入文本，还可以将具有本店特征的图片直接添加到商品照片中。图像性质的水印可以是本店的商标，也可以是文字与图形相混合的图像，目的就是使自己辛苦得到的图片不被盗用，如图1-158所示。

> **温馨提示：**
> 将文字与图像混合后制作成半透明水印，既不影响商品照片的整体效果，也不会抢了照片本来的视觉点。添加的图像水印最好放置到商品照片的边缘位置，如图1-159所示。

图1-158　添加的图像水印　　　　　图1-159　透明水印

1.6.4　为商品图片添加情趣对话

网拍商品直接放在网店中出售，浏览者只能以欣赏的目光来看待此产品，如何为商品增加人气，是每个店家都会考虑的事情。如果我们出售的是卡通商品，可以为商品照片添加一些情趣对话，这无疑更能吸引购买者驻足，在买家的购买冲动时间内快速增加买家对该商品的喜欢程度，交易概率也会增大，如图1-160所示。

图1-160　添加情趣对话

1.6.5　快速为多个商品图片添加文本水印

网店商品照片很多，使用Photoshop中的画笔工具定义一个画笔，就可以快速为宝贝照片添加统一类型的文本或图像水印。

1. 通过定义画笔为图像添加水印

快速为多个照片添加水印是一件很费时的事，接下来向大家讲解一下在Photoshop中通过画笔工具快速添加统一风格的水印。

操作步骤：

❶ 启动Photoshop软件，打开一张商品照片，输入文字，如图1-161所示。

图1-161　打开素材并输入文字

❷ 按Ctrl+T组合键调出变换框，拖动控制点旋转文字，如图1-162所示。

❸ 按Enter键完成变换，按住Ctrl键单击文字图层的缩览图，调出文字的选区，如图1-163所示。

图1-162　变换　　　　　　　　　图1-163　调出文字选区

💡 **温馨提示：**

　　将文字或图像定义成画笔时最好使用黑色，这样定义的画笔颜色会重一些。

❹ 执行菜单栏中的"编辑"｜"定义画笔预设"命令，打开"画笔名称"对话框，其中的参数设置如图1-164所示。

图1-164　"画笔名称"对话框

❺ 设置完毕单击"确定"按钮，按Ctrl+D组合键去掉选区，隐藏文字图层。新建"图层1"图层，如图1-165所示。

❻ 在工具箱中选择 ✎（画笔工具），在画笔拾色器中找到"水印"画笔，如图1-166所示。

图1-165　"图层"面板　　　　　图1-166　选择"水印"画笔

💡 **温馨提示：**

　　定义的画笔可以应用到多个图像中。

❼ 将前景色设置为白色,设置"不透明度"为29%,在素材上使用 （画笔工具）单击即可为其添加多个水印,效果如图1-167所示。

图1-167　最终效果

◐ **温馨提示:**

打开多个素材后,使用画笔可以添加水印。最好在图像大致相同的位置添加水印后再上传到网店中。

2. 通过定义图案为图像添加水印

定义一个图像后,可以将其填充到不同的图片中。接下来向大家讲解一下定义图案并添加水印的方法。

操作步骤:

❶ 执行菜单栏中的"文件"|"新建"命令或按Ctrl+N组合键,新建一个宽度与高度相同的文档,将背景色设置为黑色,如图1-168所示。

❷ 文档新建完毕后,选择（直线工具）,在选项栏中设置参数,如图1-169所示。

图1-168　填充黑色

图1-169　设置直线参数

❸ 使用（直线工具）在文档中绘制一个十字线,如图1-170所示。

❹ 选择两个直线图层,按Ctrl+E组合键,将其合并为一个图层。执行菜单栏中的"图层"|"栅格化"|"形状"命令,将形状图层变成普通图层,如图1-171所示。

图1-170　绘制十字线

❺ 使用（矩形选框工具）在中间绘制一个矩形选区,按Delete键清除选区内的图像,如图1-172所示。

❻ 按Ctrl+D组合键去掉选区,使用（横排文字工具）输入白色文字,如图1-173所示。

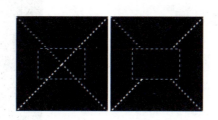

图1-171　栅格化图层　　　图1-172　清除选区内的图像　　　图1-173　输入文字

⑦ 按Ctrl+A组合键调出整个图像的选区，如图1-174所示。

图1-174 调出选区

⑧ 执行菜单栏中的"编辑"|"定义图案"命令，打开"图案名称"对话框，设置"名称"为"大宝坏坏"，如图1-175所示。

⑨ 设置完毕单击"确定"按钮，将图案保存。打开本书配备的"素材\第1章\毛绒玩具06.jpg"素材文件，如图1-176所示。

图1-175 定义图案

图1-176 打开素材

⑩ 在打开的素材中新建"图层1"图层，执行菜单栏中的"编辑"|"填充"命令，打开"填充"对话框，其中的参数设置如图1-177所示。

技巧：
定义后的图案，会自动放置到上次使用的"图案"内容组中。

⑪ 设置完毕单击"确定"按钮，效果如图1-178所示。

图1-177 "填充"对话框

图1-178 填充后

⑫ 在"图层"面板中,设置"混合模式"为"线性减淡"、"不透明度"为40%。至此,本例制作完毕,效果如图1-179所示。

图1-179 最终效果

◆ 技巧:

　　根据照片素材的大小不同,我们可以通过执行菜单栏中的"图层"|"新建填充图层"|"图案"命令,在打开的"图案填充"对话框中调整"缩放"参数,最后通过设置"混合模式"和"不透明度"来达到预期效果,如图1-180所示。

图1-180 缩放图片

◆ 技巧:

　　定义后的图案可以应用到多张素材中,为其创建统一的防伪标识,如图1-181所示。

图1-181 应用防伪标识

第 2 章
网店外部区域引流图像设计与制作

| 本章重点 |

▶ 店标设计与制作
▶ 直通车图片设计与制作
▶ 钻展图片设计与制作

网店中视觉方面的引流可分为网店外部引流和网店内部引流,本章讲解的内容是外部视觉引流,就是买家没有进入店铺时通过店标、直通车或钻展图将买家吸引到店铺中,之后再通过商品选购完成交易。

外部引流可以是单纯的文案吸引,也可以通过美工的设计将图片和文本合成一个元素来吸引买家的注意。视觉图像是外部引流必不可少也是最直接的一种吸引方式。

2.1 店标设计与制作

店标就是网上店铺的标志,也就是常说的Logo,文件格式为GIF、JPG、JPEG、PNG,文件大小在80KB以内,建议尺寸为100像素×100像素。设计店铺店标的目的就是在买家还没进入淘宝店铺之前,只是通过一个Logo被吸引注意力。在搜索同类店铺时,在左侧可以看到店铺的标志,右侧会显示该店铺出售的相关商品,如图2-1所示。

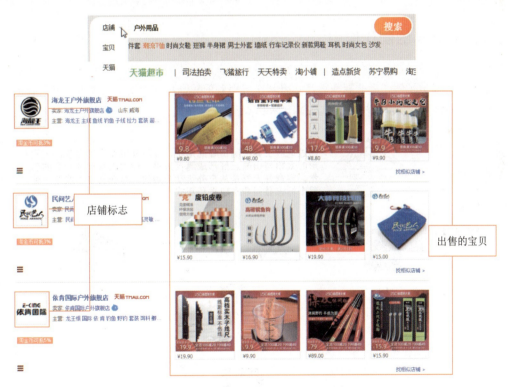

图2-1 店铺标志和出售的宝贝

2.1.1 店标设计原则

店标是通过一定的图案、颜色来向消费者传达商店信息,以达到识别商店、促进销售的目的。店标能够使消费者产生有关商店经营商品类别或行业的联想。风格独特的标识能够刺激消费者产生幻想，从而对该商店产生好的印象。

在设计店标时，大体可以分为两大派：一派是以设计为主，要求构图有创意、新颖、富有个性化；另一派是以实物为主，要求店标有内涵，能体现店铺个性特征、独特品质，在店标中可以直接看出经营的产品特征，如图2-2所示。

图2-2 以设计为主与以实物为主的店标

2.1.2 店标的制作构思

制作的思路可以通过文字、字母的组合来得到理想的设计风格，还可以通过图像化显示，让观看者十分容易地了解作者的制作思路。将制作时用到的标准色附加到演化过程下方，目的是让浏览者知道店标在设计时使用的颜色，如图2-3所示。

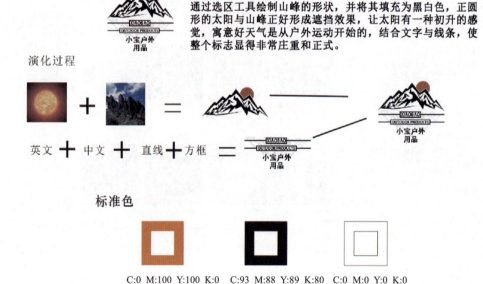

图2-3 店标设计思路

2.1.3 店标的制作过程

店标的具体制作思路已经分析完毕，制作过程包含绘制选区并填充颜色。将图形与文字结合，完成标志的构思。本小节为经营户外用品的店铺设计店标，以店铺名称"小宝户外"为设计蓝本。由于直接按照100像素×100像素的大小进行编辑，图像操作起来不是很方便，这里先将大小创建为店标的5倍，之后再将其缩小以便于操作。

操作步骤：

❶ 打开Photoshop软件，执行菜单栏中的"文件"|"新建"命令，打开"新建"对话框，其中的参数设置如图2-4所示。

❷ 设置完毕单击"确定"按钮，系统会新建一个空白文档，如图2-5所示。

图2-4 "新建"对话框

图2-5 新建文档

❸ 新建"组1"，在其中新建一个图层，使用 ▽（多边形套索工具）绘制一个封闭的选区，将其填充为黑色，如图2-6所示。

❹ 按Ctrl+D组合键去掉选区后，新建一个图层，再使用 ▽（多边形套索工具）绘制一个封闭的选区，将其填充为白色，如图2-7所示。

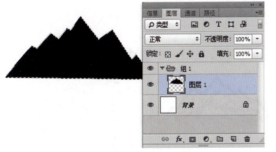

图2-6 绘制选区填充颜色

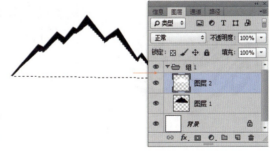

图2-7 绘制选区填充颜色

❺ 以此类推，新建图层创建选区后，将选区填充为黑色，过程如图2-8所示。

图2-8 填充选区

图2-8 填充选区（续）

6. 按Ctrl+D组合键复制"组1"得到"组1拷贝"图层，再执行菜单栏中的"滤镜"|"转换为智能滤镜"命令，将"组1拷贝"变成智能对象，如图2-9所示。

图2-9 复制组并将其转换成智能对象

7. 执行菜单栏中的"滤镜"|"扭曲"|"水波"命令，打开"水波"对话框，其中的参数设置如图2-10所示。

8. 设置完毕单击"确定"按钮，执行菜单栏中的"编辑"|"变换"|"垂直翻转"命令，将图像翻转，再设置"不透明度"为6%，如图2-11所示。

图2-10 "水波"对话框　　　　　图2-11 应用滤镜并设置不透明度

9. 新建一个图层，使用 （椭圆选框工具）绘制一个正圆选区，将其填充为橘色，如图2-12所示。

10. 展开"组1"，按住Ctrl键的同时单击"图层1"图层的缩览图，调出选区，如图2-13所示。

图2-12 绘制正圆选区填充颜色

⑪ 执行菜单栏中的"选择"|"修改"|"扩展"命令,打开"扩展选区"对话框,设置"扩展量"为3像素,如图2-14所示。

图2-13 调出选区　　　　　　　　　图2-14 "扩展选区"对话框

⑫ 设置完毕单击"确定"按钮,再按Delete键,清除选区内容,效果如图2-15所示。

⑬ 按Ctrl+D组合键去掉选区,新建一个图层,使用 ╱（直线工具）绘制4条黑色直线,如图2-16所示。

图2-15 清除选区内容　　　　　　　图2-16 绘制直线

⑭ 新建一个图层,使用 ▯（矩形选框工具）绘制两个矩形选区,如图2-17所示。

⑮ 执行菜单栏中的"编辑"|"描边"命令,打开"描边"对话框,其中的参数设置如图2-18所示。

图2-17 绘制选区　　　　　　　　　图2-18 "描边"对话框

⓰ 设置完毕单击"确定"按钮，按Ctrl+D组合键去掉选区，如图2-19所示。

⓱ 使用 T.（横排文字工具）输入英文和中文，此时的店标效果制作完毕，如图2-20所示。

图2-19 描边后　　　　　　　　　图2-20 店标效果

⓲ 执行菜单栏中的"图像"|"图像大小"命令，打开"图像大小"对话框，重新设置"宽度"与"高度"都为100像素，如图2-21所示。

⓳ 设置完毕后单击"确定"按钮，完成本次店标的制作，如图2-22所示。

图2-21 "图像大小"对话框　　　　　　图2-22 店标制作效果

⓴ 对于不同产品可以设计出不同的店标，如图2-23所示的图像为各种Logo设计。

第2章 网店外部区域引流图像设计与制作

图2-23　店标

2.2 直通车图片设计与制作

对网店美工而言，制作直通车图片是一件非常普通的事，因为在买家还没有进入店铺或详情页之前，最先看到的恐怕只有直通车图片了。所以，设计一个直通车图片，在淘宝运营和推广中能起到非常重要的作用。直通车是淘宝卖家推广店铺经常用到的手段之一。直通车推广要想吸引人来点击，带来流量，首先要做好图片的视觉优化和文字的精练排版工作，如图2-24所示。

图2-24　淘宝中的直通车图片

2.2.1 直通车图片的设计原则

大家要知道，淘宝直通车推广是要引来流量吸引人点击，除了要做好文字的精练排版之外，推广图制作也是必不可少的。别小看这小小的推广图，它能有效地为网店带来流量甚至转化率。

直通车图片设计得好坏，可以直接影响店铺的销量。在设计图片时，应该在视图美观、吸引买家、传达主体信息以及紧紧抓住直通车的设计要领方面下功夫。

1. 视图美观

视觉美观是直通车图片设计最基本的原则。试想一下，如果一个直通车图片的用色俗气，版式杂乱无章，文字难以辨认，而且错字频出……这样一款设计糟糕的图片连让用户看第二眼的欲望都没有，又何谈宣传推广、招揽顾客？

下面是设计精美时尚的直通车图片，这些图片无论从配色、版式再到文字应用，都让用户感到由衷的惬意，这样的网店直通车图片无疑能够受到用户的追捧，如图2-25所示。

图2-25　美观的视图

2. 吸引买家

在定位方向后，制作直通车图片还要考虑图片的卖点，将卖点放置到直通车图片中并将其放大，可以更加直接地辅助产品本身吸引流量，以下便是不同卖点的总结，如图2-26所示。

图2-26　吸引买家方面

同样的产品、同样的宣传口号、同样的服务，两家店如果在同一个平台进行较量的话，通过在直通车图片中凸显出商品本身的价格优势和产品重点来吸引客户，可以非常容易地抢到客户。在对商品照片进行设计时，应该避开商品的第一视觉，让买家先看到产品的品牌，然后再看到商品的促销价格或产品重点，这样的好处是可以让买家在心理上产生对当前品牌商品的接受度，从而达到成交的目的。如图2-27所示为在设计时应用了价格优势和凸显产品重点的直通车图片。

图2-27　吸引买家的价格和重点

如果想从图片设计中吸引买家,可以在色彩和布局上进行设计构思,先让买家看着舒服,然后接受该商品。在拍摄中可使用与商品本身色彩差异较大的背景色,但也不要让背景的颜色太过复杂,否则很容易使商品图片的主导地位受到影响,如图2-28所示。淘宝直通车图片的布局也就是构图,一个好的构图可以让浏览者看起来十分舒服。直通车图片的构图主要有如图2-29所示的几种。

图2-28 吸引买家的色彩

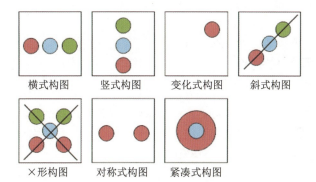

图2-29 直通车图片的构图

3. 传达主体信息

明确了卖点之后就是对直通车图片进行后期设计了。在设计中,应该考虑的无非就是以单独宝贝展示、宝贝+文案展示,还是宝贝与文案创意结合,如图2-30所示。

图2-30 明确主题

4. 直通车的设计要领

在对直通车图片进行设计时，一定要考虑图片设计的一些要领，这样才能在成千上万的宝贝中脱颖而出。下面总结出了如图2-31所示的三点，可以让大家快速掌握设计要领。

图2-31 直通车的设计要领

> **温馨提示：**
>
> 在设计直通车图片时，展现差异化效果，一定要考虑搜索环境。我们要看自己的精准对手都在用什么样的图片，在常去的位置所在宝贝的图片是怎么样的，通过这些基础分析，再做差异化的图片设计，如别人只展示产品本身，我们可以将其制作成前后对比的效果，或者制作创意图片。

2.2.2 直通车图片制作

直通车图片是宝贝主图中的第一张图片。在设计制作时，直通车图片尺寸为800像素×800像素；其中文字不要太多，突出重点就好。本小节以运动鞋为商品制作一个直通车图片，既然是运动鞋，就要以户外为背景，再展现出商品的本身，然后通过设计为商品增加一些视觉吸引效果。如图2-32所示的图片为本次要做的直通车图像。

操作步骤：

① 首先分析当前图片的设计布局。本例以左右结构作为整体的布局，在此基础上再进行相应的设计，如图2-33所示。

② 新建一个宽度与高度都为800像素的正方形空白文档，打开本书配备的"素材\第2章\窗边.jpg"素材文件，使用 ![移动工具图标]（移动工具）将其拖曳到新建文档中，如图2-34所示。

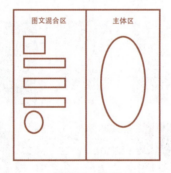

图2-32 运动鞋直通车图片　　图2-33 构图　　图2-34 新建文档移入素材

③ 单击 ![图标]（创建新的填充或调整图层）按钮，在弹出的下拉菜单中选择"色相/饱和度"命令，打开"属性"面板，勾选"着色"复选框，设置"色相"为168、"饱和度"为27、"明度"为0，如图2-35所示。

第2章 网店外部区域引流图像设计与制作

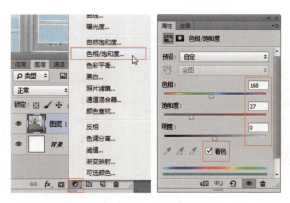

图2-35 设置"色相/饱和度"

❹ 设置完毕,效果如图2-36所示。
❺ 打开本书配备的"素材\第2章\树林.jpg"素材文件,使用 (移动工具)将其拖曳到新建文档中,效果如图2-37所示。

图2-36 调整后　　　　　　　　　图2-37 移入素材

❻ 单击 (创建新的填充或调整图层)按钮,在弹出的下拉菜单中选择"色相/饱和度"命令,打开"属性"面板,勾选"着色"复选框,设置"色相"为199、"饱和度"为50、"明度"为0,单击 (此调整剪切到此图层)按钮,效果如图2-38所示。

图2-38 调整后

❼ 打开本书配备的"素材\第2章\船.jpg"素材文件,使用 (移动工具)将其拖曳到新建文档中,效果如图2-39所示。

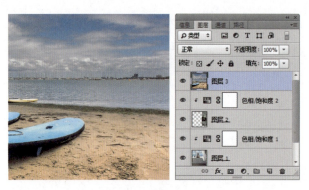

图2-39　移入素材

❽ 使用▭（矩形选框工具）在页面中绘制一个矩形选区，再在"图层"面板中单击 ▢|（添加图层蒙版）按钮，为选区添加一个图层蒙版，效果如图2-40所示。

图2-40　添加选区蒙版

❾ 将前景色设置为青色，新建一个图层，使用▭（渐变工具）在页面中填充"从前景色到透明"的线性渐变，效果如图2-41所示。

❿ 单击 ▢|（添加图层蒙版）按钮为图层新建一个图层蒙版，使用▭（渐变工具）在蒙版中填充"从黑色到白色"的线性渐变，以此来编辑图层蒙版，效果如图2-42所示。

图2-41　填充渐变色

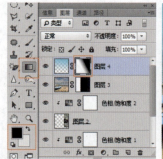

图2-42　编辑蒙版

⓫ 打开本书配备的"素材\第2章\地板.jpg"素材文件，使用▭（移动工具）将其拖曳到新建文档中，此时背景部分制作完毕，效果如图2-43所示。

图2-43　移入素材

⑫ 打开一张鞋子图片，使用 (移动工具)将其拖曳到新建文档中，将其顺时针旋转90度并进行水平翻转，再执行菜单栏中的"编辑"|"操控变形"命令，添加控制点，将鞋子底部变得弯曲，按Enter键完成变换，效果如图2-44所示。

图2-44　移入素材编辑变换

⑬ 使用 (加深工具)将鞋子尖部调整得暗一些，效果如图2-45所示。

图2-45　编辑

⑭ 执行菜单栏中的"图层"|"图层样式"|"投影"命令，打开"图层样式"对话框，其中的参数设置如图2-46所示。

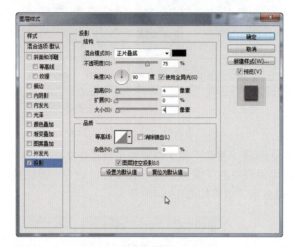

图2-46 "图层样式"对话框

⑮ 设置完毕单击"确定"按钮，效果如图2-47所示。

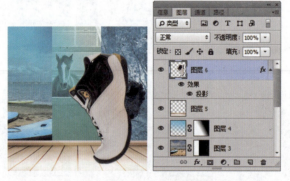

图2-47 添加投影后的效果

⑯ 执行菜单栏中的"图层"|"图层样式"|"创建图层"命令，在弹出的对话框中单击"确定"按钮，将投影单独变为一个图层，如图2-48所示。

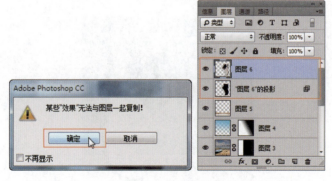

图2-48 创建图层

⑰ 选择"图层6"图层的投影图层，单击 ◻ （添加图层蒙版）按钮，为图层添加一个图层蒙版，使用 ✎ （画笔工具）在蒙版中涂抹黑色，效果如图2-49所示。

图2-49　编辑蒙版

⑱ 在"图层6"图层的下方新建一个图层，使用 ⊿ （多边形套索工具）在页面中绘制一个封闭的选区，将其填充为黑色，效果如图2-50所示。

图2-50　绘制选区填充黑色

⑲ 按Ctrl+D组合键去掉选区，执行菜单栏中的"滤镜"|"模糊"|"高斯模糊"命令，打开"高斯模糊"对话框，设置"半径"为3.2像素，如图2-51所示。

⑳ 设置完毕单击"确定"按钮，设置"不透明度"为45%，如图2-52所示。

图2-51　"高斯模糊"对话框　　　图2-52　模糊后设置不透明度

㉑ 单击 ◻ （添加图层蒙版）按钮，为图层添加一个图层蒙版。使用 ▭ （渐变工具）在蒙版中填充"从黑色到白色"的线性渐变，效果如图2-53所示。

㉒ 打开本书配备的"素材\第2章\透气.jpg"素材文件，使用 ⊿ （多边形套索工具）在素材中选择一个雾气图像，如图2-54所示。

图2-53 编辑蒙版　　　　　图2-54 打开素材创建选区

❷❸ 使用 ▶₊（移动工具）将选区内的图像拖曳到新建文档中，按Ctrl+T组合键调出变换框，拖动控制点将图像进行缩放和旋转，设置"混合模式"为"滤色"，效果如图2-55所示。

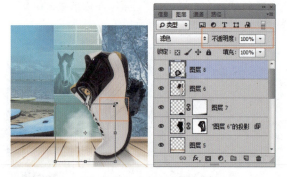

图2-55 移入选区内的图像并设置混合模式

❷❹ 按Enter键完成变换，使用 ▭（圆角矩形工具）绘制圆角矩形并调整不透明度，使用 ◯（椭圆工具）绘制正圆并调整不透明度，使用 ╱（直线工具）绘制线条，使用 ▭（矩形工具）绘制不同颜色的小矩形，效果如图2-56所示。

❷❺ 在文档中输入相应的文字，将字体设置成自己喜欢的效果，如图2-57所示。

图2-56 绘制图形　　　　　图2-57 输入文字

❷❻ 选择"透"字图层，执行菜单栏中的"图层"|"图层样式"|"描边"命令，打开"图层样式"对话框，其中的参数设置如图2-58所示。

❷❼ 设置完毕单击"确定"按钮，使用同样的方法为"色"字图层添加描边，效果如图2-59所示。

❷❽ 再在"透气"文档中选取一个雾气图像拖曳到新建的文档中，将其缩小后移动到"透"字的左上角处。至此，本例制作完毕，效果如图2-60所示。

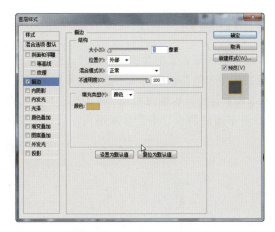

图2-58 "图层样式"对话框

图2-59 描边样式

图2-60 最终效果

2.3 钻展图片设计与制作

淘宝钻展位能吸引买家进店。看似简单的钻展图片，制作起来难度却较大。图片是否能吸引人、图片制作规格是否符合淘宝规定等，都需要设计者了解。好的淘宝钻展图绝对可以为店铺带来流量。在淘宝首页、淘宝频道、淘宝站外均设有钻展位，尺寸有50多种。如图2-61所示为淘宝首屏的钻展图。

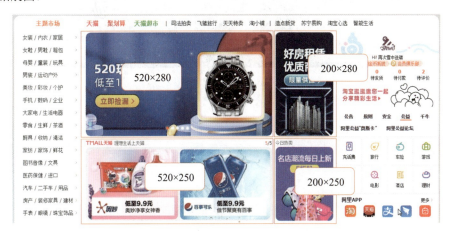

图2-61 淘宝首屏钻展图

2.3.1 钻展图片的设计原则

一个钻展位置的投放,前期要经过大量的数据分析及投入产出比值预算才能定下。毕竟是花钱做广告,若没有足够的把握能带来效益,商家就不会贸然行事。因此,在这钻展广告投放前,钻展图片要求十分严格。钻展图就是一个店铺的迎宾,将其做好了会带来巨大的流量。

钻展图的设计原则与直通车图片的设计原则基本相同,只是在设计时比直通车图片要更加严格。

技巧:
由于淘宝网首页不允许出现Flash广告,所以只能用JPG格式或者GIF格式的图片。字体建议使用方正字体,以及宋体、黑体。

温馨提示: 钻展位的主要特点如下。
- 范围广:覆盖全国大约80%的网上购物人群,每天超过12亿次的展现机会。
- 定向精准:目标定向强,迅速锁定目标人物,广告投其所好,加大订单转化量。

2.3.2 钻展图片主图设计与制作

钻展主图就是淘宝首页第一屏中的大焦点图。设计主图时,要求掌握其图片尺寸规格、卖点、文案等内容。本小节以女士T恤作为素材进行钻展图制作。本例中的素材只有一张,素材受到限制,此时我们要在背景和文字布局上做创意设计,如图2-62所示。

图2-62 钻展图

操作步骤:

① 在设计本例时,主要运用版式中的面作为修饰,将文字与图形组成面来吸引买家。由于提供的素材有背景,首先要对其进行抠图,这里使用 ◊ (钢笔工具)为素材中的人物区域创建封闭路径,如图2-63所示。

② 按Enter键将路径转换成选区,新建一个"宽度"为520像素、"高度"为280像素的空白文档,再使用 ⊕ (移动工具)将选区内的图像拖曳到新建文档中,如图2-64所示。

图2-63　打开素材创建路径　　　　图2-64　移入图像

> 🔖 **技巧：**
> 如果移入的素材清晰度不高，可以通过"锐化"命令将清晰度进行调整。

❸ 选中"背景"图层，为其填充一半青色和一半粉色，如图2-65所示。

图2-65　填充背景

❹ 在背景上绘制一个白色矩形和一个黑色矩形，如图2-66所示。

图2-66　绘制矩形

❺ 选择人物所在的"图层1"图层，执行菜单栏中的"图层"｜"图层样式"｜"投影"命令，打开"图层样式"对话框，其中的参数设置如图2-67所示。

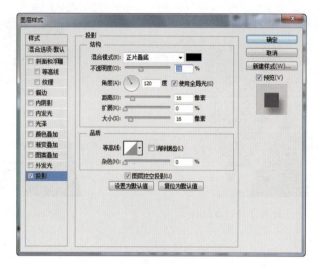

图2-67 "图层样式"对话框

❻ 设置完毕单击"确定"按钮，效果如图2-68所示。

图2-68 添加投影

❼ 使用 T (横排文字工具) 在人物所在图层的下面输入白色文字，设置"不透明度"为16%，如图2-69所示。

图2-69 输入文字

❽ 使用 ▭ (矩形工具) 绘制两个白色矩形，将"描边"设置为黑色，如图2-70所示。

第2章 网店外部区域引流图像设计与制作

图2-70 绘制矩形

❾ 使用▢（圆角矩形工具）绘制青色圆角矩形，使用╱（直线工具）绘制粉色和白色的直线，使用◯（椭圆工具）绘制粉色正圆，如图2-71所示。

图2-71 绘制形状

❿ 使用文字工具分别在左右两边输入不同颜色文字，最终效果如图2-72所示。

图2-72 最终效果

2.3.3 钻展图片小图设计与制作1

钻展小图在淘宝首页第一屏中会起到非常重要的视觉作用，本小节以女士双肩包作为素材来制作一个钻展小图，如图2-73所示。在设计时，主要按照模特本身的位置在左上角通过透视图形制作出具有透视效果的文字背景。

操作步骤：

❶ 打开Photoshop软件，新建一个宽度为200像素、高度为280像素的空白文档，再打开本书配备的"素材\第2章\背包.jpg"素材文件，如图2-74所示。

图2-73　首屏钻展小图

图2-74　打开素材

❷ 使用 ![移动工具]（移动工具）将素材中的图像拖曳到新建文档，按Ctrl+T组合键调出变换框，拖动控制点调整图像的大小和位置，效果如图2-75所示。

❸ 按Enter键完成变换，再执行菜单栏中的"编辑"｜"内容识别比例"命令，调出变换框后，向左拖动左侧的控制点，将图像进行内容识别，此时发现包和人物没有出现变形，只有背景变宽了，效果如图2-76所示。

图2-75　移入素材

图2-76　内容识别后的效果

❹ 按Enter键完成变换。下面对模特照片的色调和清晰度进行调整，执行菜单栏中的"滤镜"｜"Camera Raw滤镜"命令，打开Camera Raw对话框，其中的参数设置如图2-77所示。

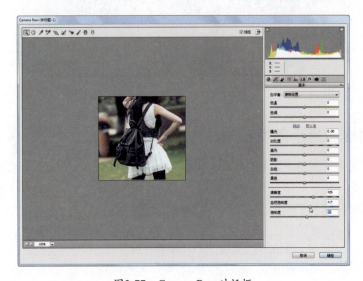
图2-77　Camera Raw对话框

❺ 新建一个图层，使用 ▱（多边形套索工具）绘制一个如图2-78所示的封闭图形并调整不透明度。

图2-78　调整不透明度

❻ 新建图层，绘制一个红色矩形，再在左侧绘制一个矩形选区，执行菜单栏中的"编辑"|"变换"|"扭曲"命令，将选区内的图像进行扭曲处理，如图2-79所示。

❼ 按Enter键完成变换，使用 ▱（加深工具）将选区内的像素加深处理，按Ctrl+D组合键去掉选区，效果如图2-80所示。

图2-79　变换　　　　　　　　　　　图2-80　编辑

❽ 使用同样的方法制作中间和下面的图形，再设置不透明度，效果如图2-81所示。

图2-81　编辑

❾ 在上面输入白色文字，再在图形下方输入一个黑色文字，效果如图2-82所示。

图2-82　输入文字

⑩ 在文字区域的下方使用 ◯（椭圆工具）绘制一个红色正圆，添加描边并设置不透明度。在上面输入白色文字，最后在左下角处绘制一个红色箭头。至此，本例制作完毕，效果如图2-83所示。

图2-83　最终效果

2.3.4　钻展图片小图设计与制作2

本小节以加湿器作为素材来制作一个钻展小图，如图2-84所示。在设计时，主要按照素材的颜色制作一个渐变矩形组成的背景。

操作步骤：

① 打开Photoshop软件，新建一个"宽度"为200像素、"高度"为250像素的空白文档，设置前景色为淡青色、背景色为深青色，使用 ▭（渐变工具）在页面中从左上角向右下角拖曳填充"从前景色到背景色"的线性渐变，如图2-85所示。

图2-84　首屏钻展小图

图2-85　新建文档填充渐变色

❷ 新建"组1",在其中新建"图层1"图层,使用 ▣(矩形选框工具)绘制一个矩形选区,再使用 ▣(渐变工具)从左向右拖曳为选区填充"从前景色到背景色"的线性渐变,效果如图2-86所示。

图2-86 填充选区

❸ 按Ctrl+D组合键去掉选区,按住Alt键的同时使用 ▶+(移动工具)拖曳"图层1"图层中的图像复制副本,直到复制到最右侧为止,效果如图2-87所示。

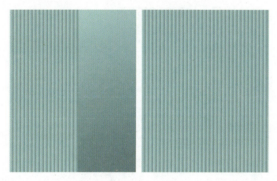

图2-87 复制

❹ 新建图层,使用 ▽(多边形套索工具)绘制一个选区,再使用 ▣(渐变工具)填充"从灰色到淡灰色"的线性渐变,效果如图2-88所示。

❺ 打开本书配备的"素材\第2章\加湿器.jpg"素材文件,使用 ▶+(移动工具)将其拖曳到新建文档中,效果如图2-89所示。

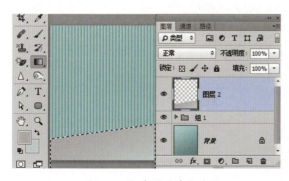 

图2-88 新建图层填充选区　　　　图2-89 移入素材

❻ 执行菜单栏中的"图层"|"图层样式"|"投影"命令,打开"图层样式"对话框,其中的参数设置如图2-90所示。

❼ 设置完毕单击"确定"按钮，效果如图2-91所示。

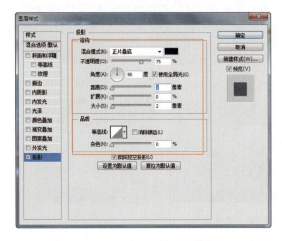

图2-90 "图层样式"对话框　　　　图2-91 添加投影

❽ 执行菜单栏中的"图层"|"图层样式"|"创建图层"命令，在弹出的对话框中单击"确定"按钮，将投影单独变为一个图层，如图2-92所示。

图2-92 创建图层

❾ 选择"图层3"图层的投影图层，单击 ▢ （添加图层蒙版）按钮，为图层添加一个图层蒙版。使用 ▢ （画笔工具）在蒙版中涂抹黑色，效果如图2-93所示。

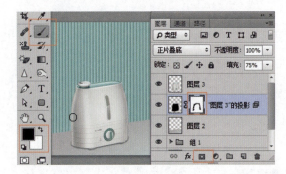

图2-93 编辑蒙版

❿ 在"图层3"图层的下方新建图层，使用 ▢ （多边形套索工具）在页面中绘制一个封闭的选区，将其填充为黑色，效果如图2-94所示。

⑪ 按Ctrl+D组合键去掉选区，执行菜单栏中的"滤镜"|"模糊"|"高斯模糊"命令，打开"高斯模糊"对话框，设置"半径"为1.8像素，如图2-95所示。

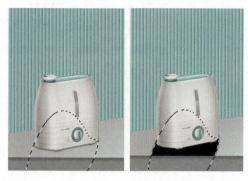

图2-94　绘制选区填充颜色

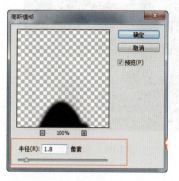

图2-95　"高斯模糊"对话框

⑫ 设置完毕单击"确定"按钮，设置"不透明度"为44%，如图2-96所示。

图2-96　设置不透明度

⑬ 单击 ■ （添加图层蒙版）按钮，为图层添加一个图层蒙版。使用 ■ （渐变工具）在蒙版中填充"从黑色到白色"的线性渐变，效果如图2-97所示。

图2-97　编辑蒙版

⑭ 打开本书配备的"素材\第2章\透气.jpg"素材文件，使用 ■ （多边形套索工具）在素材中选择一个雾气图像，如图2-98所示。

⑮ 使用 ■ （移动工具）将选区内的图像拖曳到新建文档中，按Ctrl+T组合键调出变换框，拖动控制点将图像进行缩放和旋转，设置"混合模式"为"滤色"，效果如图2-99所示。

图2-98　打开素材

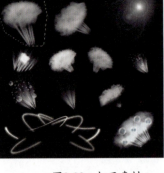
图2-99　变换素材

⑯ 按Enter键完成变换。新建图层，绘制两个粉色矩形和一个多边形，分别调整不透明度，效果如图2-100所示。

⑰ 在文档中输入文字，效果如图2-101所示。

图2-100　绘制图形

图2-101　输入文字

⑱ 选择"湿"字，执行菜单栏中的"图层"|"图层样式"|"描边"命令，打开"图层样式"对话框，其中的参数设置如图2-102所示。

⑲ 设置完毕单击"确定"按钮。至此，本例制作完毕，效果如图2-103所示。

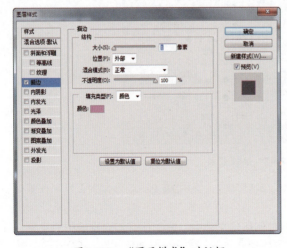
图2-102　"图层样式"对话框

图2-103　最终效果

第 3 章
网店首屏元素设计与制作

| 本章重点 |
- 店招设计与制作
- 首屏全屏广告设计与制作

人们在浏览网店时，眼睛的视觉点会习惯性地从上向下、从左向右进行移动，所以在网店中起到第一视觉点作用的非第一屏莫属。以此类推，人眼会向第二屏和第三屏移动。如果按照百分比进行排序，第一屏会占50%，第二屏占20%，第三屏占10%，其他屏总共占20%。由此看出，内容越往下，吸引度就越低。

根据布局构图的顺序，在第一屏中通常会把最重要的内容凸显在左侧，再向右，然后再向下，以此来分布整个网店首页内容的重要程度。网店中的视觉引线图就像一个阿拉伯数字7，如图3-1所示。

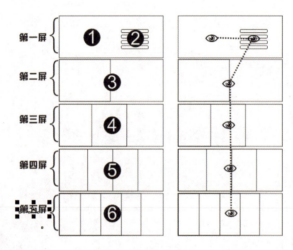

图3-1 视觉引线图

3.1 店招设计与制作

一个好的店招会在顾客进入店铺时给其留下深刻的印象。让买家进入店铺时就知道这个店是卖什么的，这是店招在店铺中的作用。在设计店招时，尺寸是必须优先考虑的，否则做好的店招也许不能上传。

3.1.1 店招设计的原则

店招要直观、明确地告诉客户自己店铺是卖什么的，表现形式最好是实物照片和文字介绍，但是文字在店招中不能太多，否则会显得混乱，如图3-2所示。

在制作店招时，最好秉承以下几个要点。

- 店招设计要点一：店铺名字（告诉客户自己店铺是卖什么的，品牌店铺可以标榜自己的品牌）；
- 店招设计要点二：实物照片（直观形象地告诉客户自己店铺是卖什么的）；
- 店招设计要点三：产品特点（直接阐述自己店铺的产品特点，第一时间打动客户，吸引客户）；

- 店招设计要点四：店铺（产品）优势和差异化（表现店铺和产品的优势以及和其他的店铺的不同，形成差异化竞争）。

图3-2 店招

3.1.2 商品参与店招设计与制作

在设计与制作店招时，可以将比较有代表性的商品放置到店招中，以起到用商品引导买家的作用。淘宝标准店招的宽度为950像素，高度为120像素；如果要制作成全屏通栏店招，宽度是1920像素，高度是120像素，如图3-3所示。

图3-3 标准店招和通栏店招

1. 全屏通栏店招设计与制作

在进行店招设计与制作时，应该制作一个全屏通栏店招，标准店招可以在此基础上进行裁剪得到。本小节就以包包店铺作为讲解对象为大家制作一个店招，如图3-4所示。

图3-4 包包店铺店招

本店招在色彩上采用暖色调的橘黄色和冷色调的青色对比进行制作,在制作时遵循店招的设计原则,其中包含店铺名字、商品实物、店铺特点和产品特点。

操作步骤:

❶ 首先为制作的店招收集一下素材,背景部分通过星空素材结合混合模式来制作,如图3-5所示。

图3-5 素材

❷ 打开Photoshop软件,新建"全屏通栏店招"文件,设置其宽度和高度,如图3-6所示。

图3-6 新建文档

❸ 设置完毕单击"确定"按钮,系统会新建一个空白文档,将前景色设置为藕荷色,按Alt+Delete组合键,将新建文档填充为前景色,如图3-7所示。

图3-7 填充前景色

❹ 将本书配备的"素材\第3章\星空.jpg"素材文件中的图像拖曳到新建文档中，调整大小和位置后，再设置"混合模式"为"滤色"，效果如图3-8所示。

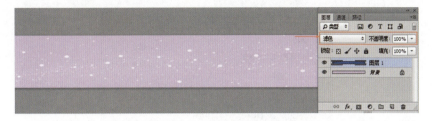

图3-8 移入素材调整混合模式

❺ 将本书配备的"素材\第3章\星空.jpg"素材文件中的图像拖曳到新建文档中，调整大小和位置后，再设置"混合模式"为"柔光"，效果如图3-9所示。

图3-9 移入素材调整混合模式

❻ 单击 （创建新的填充或调整图层）按钮，在弹出的下拉菜单中选择"色相/饱和度"命令，在"色相/饱和度"属性面板中设置各项参数，效果如图3-10所示。

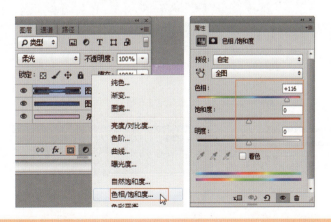

图3-10 调整色相/饱和度

❼ 新建图层，使用 （矩形选框工具）绘制一个矩形选区，如图3-11所示。

图3-11 绘制选区

❽ 执行菜单栏中的"编辑"|"描边"命令,打开"描边"对话框,其中的参数设置如图3-12所示。

图3-12 "描边"对话框

❾ 设置完毕单击"确定"按钮,按Ctrl+D组合键去掉选区,如图3-13所示。

图3-13 描边后效果

❿ 单击 ▢ (添加图层蒙版)按钮,为图层创建蒙版,使用 ▢ (渐变工具)对蒙版进行渐变编辑,效果如图3-14所示。

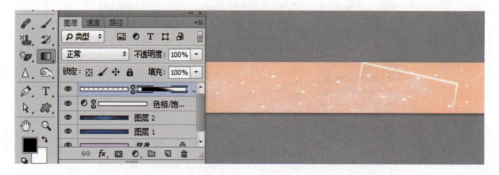

图3-14 编辑蒙版

⓫ 将本书配备的"素材\第3章\包.png"素材文件中的图像拖曳到新建文档中,调整大小和位置后,再单击 ◐ (创建新的填充或调整图层)按钮,在弹出的下拉菜单中选择"黑白"命令,在"黑白"属性面板中设置各项参数。然后使用 ✎ (画笔工具)在蒙版中的包包位置涂抹黑色,效果如图3-15所示。

第3章 网店首屏元素设计与制作

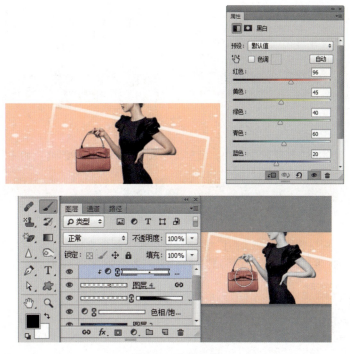

图3-15 编辑图像

⑫ 按住Ctrl键的同时单击"包"所在图层的缩览图,调出选区后,在下方新建一个图层,执行菜单栏中的"选择"|"修改"|"扩展"命令,打开"扩展选区"对话框,设置效果如图3-16所示。

图3-16 扩展选区

⑬ 将选区填充为白色,按Ctrl+D组合键去掉选区,在人物的下面新建一个图层,绘制一个青色的平行四边形,如图3-17所示。

图3-17 绘制图形

⑭ 在文档中输入文字,并为不同的文字添加"描边""外发光"图层样式,如图3-18所示。

图3-18 输入文字添加图层样式

⑮ 再次将"包"素材拖曳到新建文档中，调整大小和位置以及不透明度，如图3-19所示。

图3-19 移入素材并调整

⑯ 将本书配备的"素材\第3章\花.png"素材文件拖曳到新建文档中，调整大小和位置后，设置"混合模式"为"明度"、"不透明度"为45%，效果如图3-20所示。

图3-20 移入素材并设置效果

⑰ 新建图层，在文档中绘制两个黑色矩形，设置"混合模式"为"叠加"，效果如图3-21所示。

图3-21 绘制矩形

⑱ 至此，全屏店招制作完毕，效果如图3-22所示。

图3-22 全屏店招

2. 标准店招制作

全屏通栏店招已经制作完毕，下面在此基础上制作带导航的标准店招。

操作步骤：

① 打开刚才制作的全屏通栏广告，选择 ▭（矩形选框工具），在选项栏中设置"样式"为"固定大小"、"宽度"为950像素、"高度"为120像素，效果如图3-23所示。

图3-23 设置选区属性

❷ 新建图层,命名为"黑色",使用 ▢(矩形选框工具)在文档中单击,绘制一个950像素×120像素的矩形选区,将其填充为黑色,如图3-24所示。

图3-24 绘制矩形并填充

❸ 按Ctrl+D组合键去掉选区,将黑色矩形图层与背景图层一同选取,执行菜单栏中的"图层"|"对齐"|"水平居中对齐"命令,效果如图3-25所示。

图3-25 对齐图形

❹ 按住Ctrl键单击"黑色"图层缩览图,调出矩形的选区,将"黑色"图层隐藏,效果如图3-26所示。

图3-26 调出选区隐藏图层

❺ 执行菜单栏中的"图像"|"裁剪"命令,裁剪图像,标准店招制作完毕,效果如图3-27所示。

图3-27 标准店招

3.1.3 简洁风格全屏店招设计与制作

网上店铺并不是无限期使用一个店招,而是要根据不同的活动或重要日期进行相应的改动。制作一个简洁风格的店招可以与任何样式的店铺相匹配,这样的店招需要一个无色彩的背景,将点缀色作为店铺风格配色,如图3-28所示。

图3-28 简洁风格店招

操作步骤:

❶ 首先打开Photoshop软件,新建一个"宽度"为1920像素、"高度"为120像素的文档,将背景填充为灰色,如图3-29所示。

图3-29 新建文档

❷ 打开"小宝户外用品店标"素材,使用 ▶︎ (移动工具)将素材中的图像拖曳到新建文档中,调整大小和位置,设置"混合模式"为"变暗",效果如图3-30所示。

图3-30 移入素材

❸ 新建图层,使用 ▭ (矩形工具)绘制一个粉色的矩形,如图3-31所示。

图3-31 绘制矩形

❹ 使用 T (横排文字工具)在文档中输入文字,文字颜色分别填充为白色、粉色、灰色和青色。将每组文字都设置成右对齐。店招的背景色也可以设置成白色。至此,本例制作完毕,效果如图3-32所示。

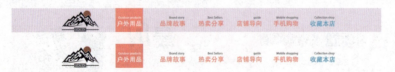

图3-32 简洁风格全屏店招

3.1.4 与导航一同进行设计与制作

在设计淘宝店招时,宽度与高度是有限制的,并不是任意尺寸都可以。淘宝店招规定高度是120像素,导航区域的高度是30像素,整个页头区的高度是150像素,如图3-33所示。

图3-33 店铺页头中的店招和导航

如果要制作成全屏通栏带导航的店招,宽度是1920像素,高度是150像素。本小节就以户外用品店铺作为讲解对象,制作一个连同导航一起设计、制作的店招,如图3-34所示。

图3-34 带导航的店招

这里以小宝户外用品专卖为例制作一个带导航的店招,在色彩中采用了万能的无色彩灰色和蓝色调作为背景色,以黄色、黑色和白色作为辅助色,目的是制造一种非常冷静的场所,同时带点激情。

操作步骤:

❶ 首先处理店标,将之前的店标调整成黄色。打开"小宝户外用品店标"素材,执行菜单栏中的"图像"|"调整"|"反相"命令或按Ctrl+I组合键,效果如图3-35所示。

图3-35 打开素材应用"反相"命令

❷ 新建一个图层,将其填充为蓝色,设置"混合模式"为"正片叠底",效果如图3-36所示。

图3-36 设置混合模式

❸ 执行菜单栏中的"图像"|"调整"|"色相/饱和度"命令,打开"色相/饱和度"对话框,其中的参数设置如图3-37所示。

图3-37 "色相/饱和度"对话框

❹ 设置完毕单击"确定"按钮,此时店标部分制作完毕,效果如图3-38所示。

图3-38 调整色相后

❺ 新建一个"宽度"为1920像素、"高度"为150像素的文档,打开本书配备的"素材\第3章\山.jpg"素材文件,使用 ▶️+(移动工具)将其拖曳到新建文档中,执行菜单栏中的"编辑"|"内容识别比例"命令,调出变换框,拖动控制点将图像拉宽,如图3-39所示。

图3-39 内容识别比例

❻ 按Enter键完成变换,打开本书配备的"素材\第3章\星空.jpg"素材文件,使用 ![移动工具] (移动工具)将其拖曳到新建文档中并调整大小和位置,再设置"混合模式"为"叠加",效果如图3-40所示。

图3-40 移入素材

❼ 新建图层,使用 ![多边形套索工具] (多边形套索工具)绘制封闭选区并将其填充为黑色,设置"混合模式"为"颜色",效果如图3-41所示。

图3-41 混合模式

❽ 按Ctrl+D组合键去掉选区,新建图层,绘制一个黄色矩形,如图3-42所示。

图3-42 绘制矩形

❾ 背景制作完毕,下面将对导航按钮进行制作。新建图层,使用 ![矩形选框工具] (矩形选框工具)绘制一个矩形,再使用 ![渐变工具] (渐变工具)从上向下拖动鼠标填充"从白色到蓝色"的线性渐变,如图3-43所示。

图3-43 绘制矩形并填充渐变色

⓾ 按Ctrl+D组合键去掉选区,新建图层,使用▭(矩形选框工具)绘制一个矩形,再使用■(渐变工具)从上向下拖动鼠标填充"从橘色到橘红色"的线性渐变,如图3-44所示。

图3-44 绘制矩形并填充渐变色

⓫ 按Ctrl+D组合键去掉选区,执行菜单栏中的"图层"|"图层样式"|"投影"命令,打开"图层样式"对话框,其中的参数设置如图3-45所示。

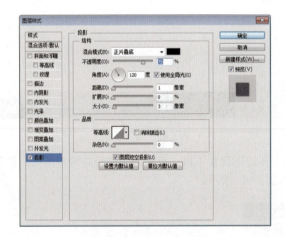

图3-45 设置图层样式

⓬ 设置完毕单击"确定"按钮,效果如图3-46所示。

图3-46 添加投影

⓭ 新建图层,使用▽(多边形套索工具)绘制一个三角形选区,将选区填充为深蓝色。去掉选区,制作右侧的倒三角,效果如图3-47所示。

图3-47 绘制选区并填充颜色

⑭ 使用 T.（横排文字工具）输入文字，新建图层，使用 ◯（椭圆工具）绘制一个白色椭圆，效果如图3-48所示。

图3-48 输入文本绘制椭圆

⑮ 按住Ctrl键单击红色渐变矩形所在图层的缩览图，调出选区，按Ctrl+Shift+I组合键将选区反选，按Delete键删除选区内容，效果如图3-49所示。

图3-49 清除选区

⑯ 按Ctrl+D组合键去掉选区，设置"不透明度"为27%，再制作其他按钮，效果如图3-50所示。

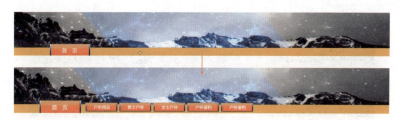

图3-50 设置不透明度制作其他按钮

⑰ 使用 ▶︎（移动工具）将刚刚制作的店标拖曳到新建的文档中，调整大小和位置，再设置"混合模式"为"浅色"，效果如图3-51所示。

图3-51 移入素材设置混合模式

⑱ 使用 T.（横排文字工具）输入黄色文字，如图3-52所示。

图3-52 输入文字

⑲ 选择中文文字，执行菜单栏中的"图层"|"图层样式"|"描边"命令，打开"图层样式"对话框，其中的参数设置如图3-53所示。

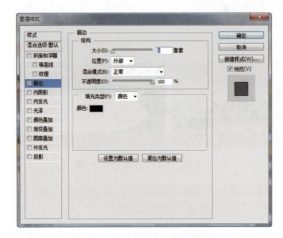

图3-53 "图层样式"对话框

⑳ 设置完毕单击"确定"按钮,效果如图3-54所示。

图3-54 添加描边后

㉑ 使用 ▢（矩形工具）绘制白色矩形,设置描边为黑色；再绘制一个黄色矩形,设置描边为黑色,效果如图3-55所示。

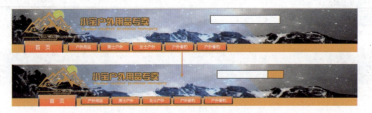

图3-55 绘制矩形

㉒ 输入黑色文字,使用 ⌖（自定形状工具）绘制一个放大镜图标,效果如图3-56所示。

图3-56 输入文字绘制图形

㉓ 打开本书配备的"素材\第3章\小图.png"素材文件,将其拖曳到新建文档中,为其添加黑色描边。至此,本例制作完毕,效果如图3-57所示。

图3-57 导航的全屏通栏店招

㉔ 可以通过之前的方法，将其裁剪并另存为一个950像素×150像素的标准带导航店招，如图3-58所示。

图3-58　导航的标准店招

3.2　首屏全屏广告设计与制作

网店中的首屏内容在流量吸引方面占整个首页的很大比例。在视觉中通过设计的广告图像把买家留住并继续浏览本网店，可以达到最终购买商品的目的。一个首屏广告设计得好坏可以直接影响后续的交易，不同风格的设计可以吸引不同需求的买家，图3-59所示的图像为网店中的首屏广告。

图3-59　首屏全屏广告

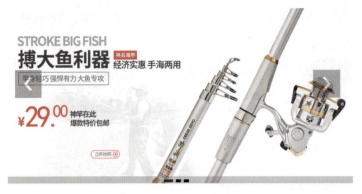

图3-59 首屏全屏广告（续）

3.2.1 了解首屏全屏广告及轮播图的作用

首屏全屏广告及轮播图在网店中的作用主要有以下两点。

（1）美化整体店铺页面。一张漂亮的首屏海报能让店铺显得更加专业、正规，从而增强买家的购买信心。一幅既专业又漂亮大气的海报，绝对能够在视觉上和思想上激起买家的购买欲。

（2）宝贝推广。进入店铺的客人很大一部分是单独进入宝贝页面的，从宝贝页面去首页的客户大概会有10%～30%，所以首页有一张大气漂亮的海报会吸引客户去看首推的宝贝。不但首页需要海报，宝贝描述页面也需要放一张主推的宝贝海报，这样才会起到更好的推广作用。

3.2.2 利用材质背景广告设计与制作

利用材质背景广告，顾名思义，就是广告的背景是利用提供的素材，通过加工将其变为商品广告图背景，再将商品以及文本进行相应的布局构图的广告形式。该广告背景非常具有材质的图像感，会使商品能够更好地融入背景中。如图3-60所示，本广告的背景材质利用的是一张地板素材，通过加工将其变为一个商品展现平台，广告中配色以青色为主色，橘色为辅色，商品图像中的青色与背景中的青色是相近色的搭配，整体图像以左右布局的方式进行展示，商品与文本起到一个平衡的作用。

图3-60 利用材质背景广告

操作步骤：

① 首先打开Photoshop软件，新建一个宽度为1920像素、高度为600像素的空白文档，再打开本书配备的"素材\第3章\地板.jpg"素材文件，如图3-61所示。

② 使用 ▶︎ （移动工具）将"地板"素材拖曳到新建文档中，按住Alt键向右拖曳图像得到一个副本，如图3-62所示。

图3-61 地板素材

图3-62 移入素材复制图像

❸ 按Ctrl+E组合键,向下合并图层。新建一个图层,使用 ■ (渐变工具)在文档中填充"从青色到白色"的线性渐变,再设置"混合模式"为"颜色"、"不透明度"为65%,如图3-63所示。

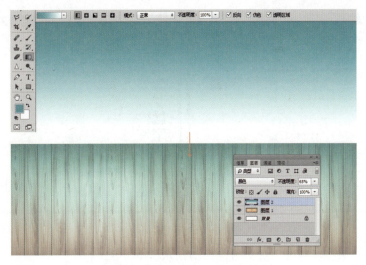
图3-63 填充渐变色设置混合模式

❹ 选中"图层1"图层,使用 ■ (矩形选框工具)在文档中绘制一个矩形选区。按Ctrl+C组合键复制选区,按Ctrl+V组合键粘贴,选区内的图像会被复制到一个新建图层中,如图3-64所示。

图3-64 复制选区内容

❺ 执行菜单栏中的"编辑"|"变换"|"透视"命令,调出透视变换框,拖动右下角的控制点,将图像变为透视效果,如图3-65所示。

图3-65 透视变换

❻ 按Enter键完成变换，执行菜单栏中的"图层"|"图层样式"|"投影"和"颜色叠加"命令，分别打开"图层样式"对话框，其中的参数设置如图3-66所示。

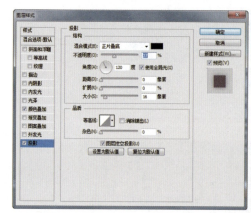 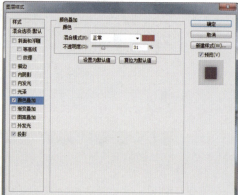

图3-66 设置图层样式

❼ 设置完毕单击"确定"按钮，效果如图3-67所示。

图3-67 添加图层样式后

❽ 使用 T,（横排文字工具）输入白色文字，执行菜单栏中的"图层"|"栅格化"|"文字"命令，将文字图层转换成普通图层。使用 （多边形套索工具）在文字图像一半的区域创建选区，使用 （移动工具）移动选区内的图像，再设置"混合模式"为"柔光"，效果如图3-68所示。

图3-68 栅格化图层调整图像

第3章 网店首屏元素设计与制作

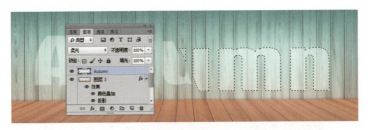

图3-68 栅格化图层调整图像（续）

⑨ 新建图层，使用 ▭（圆角矩形工具）绘制一个白色圆角矩形，使用 ⌦（多边形套索工具）创建选区，按Delete键清除选区内容，效果如图3-69所示。

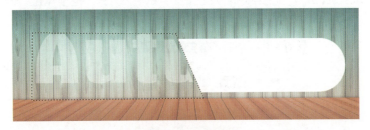

图3-69 绘制图形

⑩ 按Ctrl+D组合键去掉选区，执行菜单栏中的"图层"|"图层样式"|"描边"命令，打开"图层样式"对话框，其中的参数设置如图3-70所示。

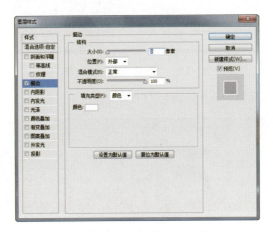

图3-70 "图层样式"对话框

⑪ 设置完毕单击"确定"按钮，设置"填充"为31%，如图3-71所示。

图3-71 设置填充

115

⑫ 打开本书配备的"素材\第3章\叠加围巾.png"素材文件,使用 (移动工具)将其拖曳到新建文档中,如图3-72所示。

图3-72 移入素材

⑬ 执行菜单栏中的"图层"|"图层样式"|"投影"命令,打开"图层样式"对话框,其中的参数设置如图3-73所示。

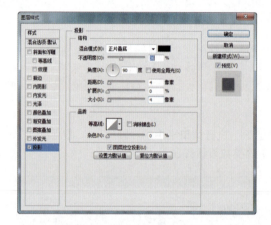

图3-73 "图层样式"对话框

⑭ 设置完毕单击"确定"按钮,效果如图3-74所示。

图3-74 添加投影后

⑮ 执行菜单栏中的"图层"|"图层样式"|"创建图层"命令,在弹出的对话框中单击"确定"按钮,将投影单独变为一个图层,如图3-75所示。

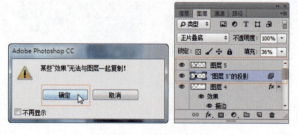

图3-75 创建图层

⑯ 选择"图层5"的投影图层，复制一个图层，单击 ◻ （添加图层蒙版）按钮，为图层添加一个图层蒙版。使用 ✏ （画笔工具）在蒙版中涂抹黑色，效果如图3-76所示。

图3-76　编辑蒙版

⑰ 选择"图层5"的投影图层，按Ctrl+T组合键调出变换框，按住Ctrl键的同时拖动控制点，将图形进行变换，设置"不透明度"为21%，效果如图3-77所示。

图3-77　变换图形

⑱ 新建图层，制作一个一半为黑色、一半为白色的线框，效果如图3-78所示。

图3-78　绘制线框

⑲ 新建图层，绘制青色正圆、橘色正圆、黑色线条和黑色矩形，如图3-79所示。

图3-79　绘制图形

⑳ 输入对应的文字，如图3-80所示。

图3-80 输入文字

㉑ 打开本书配备的"素材\第3章\铁链.png""幼苗.png""叶子.png"素材文件,将其拖曳到新建文档中,调整位置和大小。至此,本例制作完毕,效果如图3-81所示。

图3-81 最终效果

3.2.3 渐变背景广告设计与制作

渐变背景广告,顾名思义,就是背景以两种或者两种以上的颜色,通过渐变的方式进行背景制作,再将商品以及文本进行相应的布局与构图的广告形式。该广告背景非常具有层次感和立体感。如图3-82所示,本广告中配色以炫彩蓝星空为主色,红色、黄色为辅色,图像中的黄色是与手表上的黄色搭配的,此时如果应用一个与手表上的黄色不相称的辅色,就会使整个图像看起来非常不协调,比如以炫彩绿紫星空加蓝色,看起来会感觉颜色与广告商品不协调,如图3-83所示。通过对比不难发现,配色有时需要与商品相对应。

图3-82 渐变背景广告

图3-83 不协调的配色

第3章 网店首屏元素设计与制作

操作步骤:

① 首先打开Photoshop软件,新建一个宽度为1920像素、高度为600像素的空白文档,打开本书配备的"素材\第3章\地面背景.jpg"素材文件,将其拖曳到新建文档中,调整大小和位置,如图3-84所示。

图3-84 移入素材

② 打开本书配备的"素材\第3章\星空.jpg"素材文件,将其拖曳到新建文档中,再设置"混合模式"为"滤色"、"不透明度"为30%,如图3-85所示。

图3-85 设置混合模式

③ 单击 ■(添加图层蒙版)按钮,为图层添加一个图层蒙版。使用 ■(渐变工具)从上向下拖曳鼠标,填充"从白色到黑色"的线性渐变,效果如图3-86所示。

图3-86 编辑蒙版

④ 复制"图层2"图层得到一个新的图层,设置"混合模式"为"滤色"、"不透明度"为74%,效果如图3-87所示。

图3-87 设置不透明度

❺ 新建"组1",在其中新建一个图层,将前景色设置为蓝色,使用 ▣(渐变工具)在文档中填充"从前景色到透明"的径向渐变,效果如图3-88所示。

图3-88 填充渐变色

❻ 在"组1"中复制图层,移动图像到左上角,设置"组1"的"混合模式"为"颜色减淡",效果如图3-89所示。

图3-89 设置混合模式

❼ 单击 ◎.(创建新的填充或调整图层)按钮,在弹出的下拉菜单中选择"色相/饱和度"命令,在"色相/饱和度"属性面板中设置各项参数,如图3-90所示。

图3-90 调整图层

❽ 打开本书配备的"素材\第3章\石头.jpg"素材文件,将其拖曳到新建文档中,并调整到"组1"的下方,此时背景部分制作完毕,效果如图3-91所示。

图3-91 背景

❾ 打开本书配备的"素材\第3章\手表.png"素材文件,将其拖曳到新建文档中,效果如图3-92所示。

图3-92 移入素材

❿ 在手表所在的图层下方新建一个图层,使用 ◯.(椭圆工具)绘制一个黑色椭圆形,如图3-93所示。

⓫ 执行菜单栏中的"滤镜"|"模糊"|"高斯模糊"命令,打开"高斯模糊"对话框,设置"半径"为2像素,设置完毕单击"确定"按钮,效果如图3-94所示。

图3-93 绘制椭圆   图3-94 高斯模糊后

⓬ 单击 ◻(添加图层蒙版)按钮,为图层添加一个图层蒙版。使用 ◼(渐变工具)在水平方向上拖曳,为蒙版填充"从黑色到白色"的线性渐变,效果如图3-95所示。

图3-95 编辑蒙版

⓭ 使用 T.(横排文字工具)输入文字,为文字选择一个毛笔字体,如图3-96所示。

图3-96 输入文字

⑭ 执行菜单栏中的"图层"|"图层样式"|"描边"命令,打开"图层样式"对话框,其中的参数设置如图3-97所示。

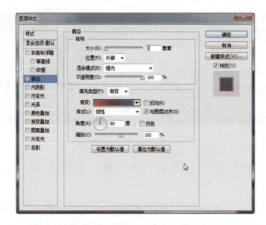

图3-97 "图层样式"对话框

⑮ 设置完毕单击"确定"按钮,效果如图3-98所示。

图3-98 渐变描边后

⑯ 新建图层,使用 绘制一个白色花纹形状,如图3-99所示。

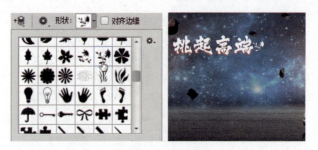

图3-99 绘制形状

⑰ 新建图层,绘制黄色矩形、黄色三角形、黄色直线、白色三角形,如图3-100所示。

图3-100 绘制图形

⑱ 选择直线所在的图层，单击 ▣（添加图层蒙版）按钮，为图层添加一个图层蒙版。使用 ▣（渐变工具）在水平方向上拖曳，为蒙版填充"黑色、白色、黑色"的线性渐变，效果如图3-101所示。

⑲ 使用 T（横排文字工具）输入对应的文字，如图3-102所示。

图3-101　编辑蒙版

图3-102　输入文字

⑳ 新建图层，使用 ♠（自定形状工具）绘制一个黑色沙漏形状，如图3-103所示。

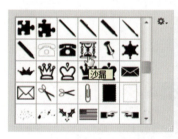

图3-103　绘制形状

㉑ 此时本例制作完毕，如图3-104所示。

图3-104　渐变背景广告

㉒ 在此基础上我们可以为背景部分通过"色相/饱和度"命令更改一个色调，效果如图3-105所示。

图3-105　更改色调后的渐变背景广告

㉓ 将"星空"素材隐藏,再进行一次"色相/饱和度"调整,会得到如图3-106所示的效果。大家可以参照此类方法为自己店铺中的首屏广告添加不同类型的渐变背景。

图3-106　隐藏素材并更改色调后的渐变背景广告

3.2.4　大面积配色背景广告设计与制作

大面积配色背景广告给人的感觉是干净利落,简洁中不失大气。本次制作的广告以土橘色和橘色作为整体的背景,白色和绿色是点缀色,其中,橘色部分主要是为了协调抠图时汽车橘色未抠干净区域的颜色,如图3-107所示。如果不顾汽车背景颜色应用其他颜色,就会使汽车区域抠图显得特别粗糙,如图3-108所示。通过对比不难发现,配色有时需要与商品相对应。

图3-107　配合商品抠图的颜色

图3-108　抠图显得不完美的配色

操作步骤:

❶ 首先打开Photoshop软件,新建一个宽度为1920像素、高度为600像素的空白文档,将其填充为与车身颜色相配的颜色。打开本书配备的"素材\第3章\汽车.png"素材文件,将其拖曳到当前文档中,如图3-109所示。

图3-109　填充颜色移入素材

❷ 此时我们会发现汽车右上角区域抠图不是很理想,最好的方法就是在此区域填充一个与其颜色相近的颜色。新建图层,使用选区工具绘制选区形状,将其填充为橘色。为了使背景更加有动感,再新建图层,在上面绘制一些白色线条并调整不透明度,如图3-110所示。此时车身与背景已经融合。

图3-110　背景制作

❸ 背景与汽车部分制作完毕后,广告中的文案部分需要进行版式的布局。这里使用了文字大小对比、颜色对比、字体对比,将其放置到汽车的两侧区域,再在文字中间添加一些形状,文字被衬托得更加完美,如图3-111所示。

图3-111　文本制作

❹ 为了使汽车与背景看起来更加有层次感,打开本书配备的"素材\第3章\光纹理.png"素材文件,将其拖曳到新建文档中,调整"混合模式"为"滤色",作为广告的动感图案,将其调整到文字的下一层,如图3-112所示。

❺ 复制"光纹理",将其水平翻转,移动到左侧,效果如图3-113所示。

图3-112　移入素材

图3-113　复制并水平翻转

❻ 打开本书配备的"素材\第3章\车标.png"素材文件,将其移动到新建文档中,此时本例制作完毕,如图3-114所示。

图3-114　最终效果

❼ 在此基础上可以更改一下大面积的背景色,使广告又具有一个新的配色效果,前提是要将车身颜色与背景相呼应,如图3-115所示。也可以改变一下整体的布局,将整个图像完全分为左右布局形式,如图3-116所示。

图3-115　不同配色

第3章 网店首屏元素设计与制作

图3-116 不同布局背景

3.2.5 图像背景广告设计与制作

在制作全屏通栏广告时,如果将一整张的图片作为背景,有时会出现非常有针对性的广告效果。在图像中直接凸显某个局部图像,再加上单色修饰,可以在视觉中出现大气并完整的广告效果,这种类型的广告绝对比将两个以上图片进行合成要好得多,如图3-117所示。如果图像中的配色与衣服中的红色和蓝色不一致,效果就会显得有些奇怪,如图3-118所示。通过对比不难发现,配色有时需要与图像中的局部颜色相对应。

图3-117 一张图像作为背景的广告

图3-118 衣服与图像中色彩不一致的效果

操作步骤:

❶ 首先打开Photoshop软件,新建一个宽度为1920像素、高度为600像素的空白文档。打开本书配备的"素材\第3章\登山.jpg"素材文件,将其拖曳到当前文档中,创建"黑白1"调整图层,调整参数后,效果如图3-119所示。

图3-119 移入素材创建黑白调整图层

❷ 使用 ✏️（画笔工具）在人物衣服和面孔处涂抹黑色，使其恢复原本的颜色，效果如图3-120所示。

图3-120　编辑图形

❸ 新建图层，在图像上面使用 ⛶（多边形套索工具）绘制一个封闭选区，将其填充为白色，设置"不透明度"为90%，效果如图3-121所示。

图3-121　填充颜色

❹ 按Ctrl+D组合键去掉选区，新建图层，吸取衣服上的蓝色，在图像左侧上部使用 ▢（圆角矩形工具）绘制一个圆角矩形，设置"不透明度"为57%，效果如图3-122所示。

图3-122　绘制圆角矩形

❺ 新建图层，在图像右侧使用 ▢（矩形工具）绘制一个黑色矩形，设置"不透明度"为30%，效果如图3-123所示。

图3-123　绘制矩形

❻ 新建图层，在黑色矩形上使用 ⛶（多边形套索工具）绘制一个封闭选区，将其填充为人物衣

服的红色，效果如图3-124所示。

图3-124　填充颜色

❼ 按Ctrl+D组合键去掉选区，制作左侧蓝色图形上的文字和图标。首先输入文字，再将Logo素材拖曳到文档中，效果如图3-125所示。

图3-125　输入文字移入Logo

❽ 制作右侧黑色和红色图形上的文本、白色矩形以及红色正圆。至此，本例制作完毕，效果如图3-126所示。

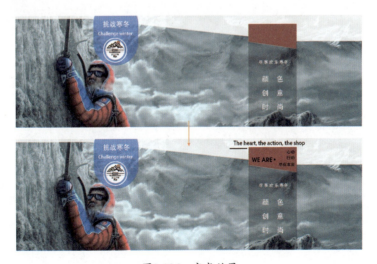

图3-126　完成效果

图3-126　完成效果（续）

❾ 按照本例的配色方案，还可以改变广告布局，如图3-127所示。

图3-127　不同类型布局

第 4 章
商品广告图像设计与制作

| 本章重点 |

▶ 950像素广告设计与制作
▶ 750像素广告设计与制作
▶ 190像素广告设计与制作
▶ 陈列区广告设计与制作

除去首屏中的广告视觉效果,在网店中还可以为宽度分别为950像素、750像素、190像素的广告以及陈列区广告进行设计与制作,以此来增强整个网店视觉效果。

> **温馨提示:**
> 由于篇幅有限,本章中的案例只做简单的讲解,详细的操作大家可以参考本书配备的视频教程。

4.1 950像素广告设计与制作

网店中除了全屏通栏广告可以在首屏中进行展示与增强广告效果外,标准的通栏广告有时也会出现在首屏中,并且根据设计的不同也可以收获不少的视觉流量。标准通栏广告也就是淘宝网店中常说的宽度为950像素的广告,如图4-1所示。本节就以其中常用的商品整体参与设计与制作、商品局部参与设计与制作、多视点参与设计与制作和超出背景区域设计与制作为案例进行讲解。

图4-1　950像素通栏广告

4.1.1 商品整体参与设计与制作

整体参与设计的图像,可以让浏览者看到商品的整体,在视觉中不会出现丢失部分图像的问题,这种设计方法常被用到传统的设计中。在图像中可以看到需要展示的整个商品,此时不需要进行更多的文案解释。本例中以简洁的风格制作了如图4-2所示的950像素广告效果。在设计时,单一的配色结合简洁的文案能制作出此风格的广告。

图4-2　商品整体参与设计与制作

本例以收纳箱广告作为设计内容,其中一眼就会看到是收纳箱,配以简单的吊灯、铁艺装饰以及简洁的分组布局文案,整个背景给人一种宁静舒适的感觉;再加上商品边上的小熊玩具,使宁静的环境呈现了一点活泼氛围。

操作步骤:

❶ 首先打开Photoshop软件,新建一个宽度为950像素、高度为600像素的空白文档,设置前景色和背景色后,使用 ■(渐变工具)填充径向渐变色,如图4-3所示。

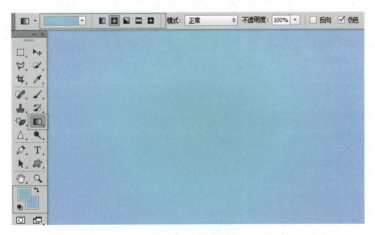

图4-3　背景制作

❷ 复制"背景"图层,按Ctrl+T组合键调出变换框,拖动控制点将其调低并拉宽,效果如图4-4所示。

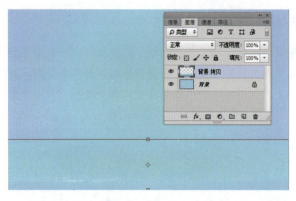

图4-4 变换图形

❸ 按Enter键完成变换，执行菜单栏中的"图层"|"图层样式"|"投影"命令，打开"图层样式"对话框，其中的参数设置如图4-5所示。

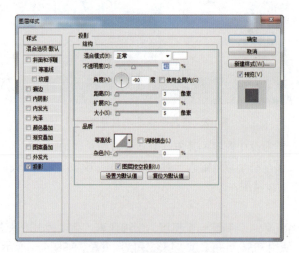

图4-5 "图层样式"对话框

❹ 设置完毕单击"确定"按钮，单击 （创建新的填充或调整图层）按钮，在弹出的下拉菜单中选择"亮度/对比度"命令，在"亮度/对比度"属性面板中调整各个参数，效果如图4-6所示。

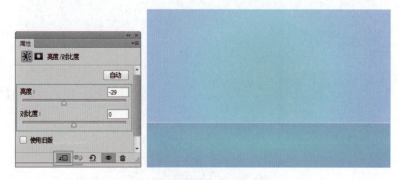

图4-6 添加投影后调整亮度

❺ 新建一个图层，绘制4个菱形，如图4-7所示。

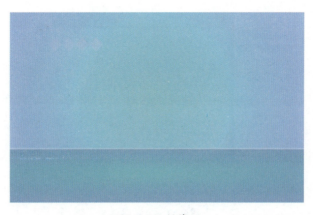

图4-7 绘制菱形

❻ 执行菜单栏中的"图层"|"图层样式"|"斜面和浮雕"命令,打开"图层样式"对话框,其中的参数设置如图4-8所示。

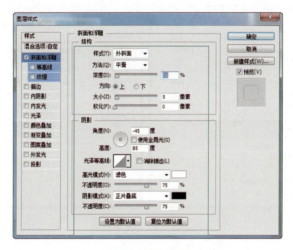

图4-8 图层设置

❼ 设置完毕单击"确定"按钮,复制3个副本,调整位置和大小,效果如图4-9所示。

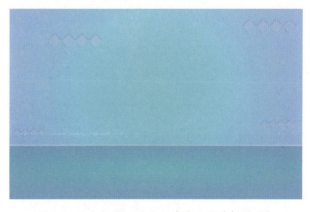

图4-9 添加投影、斜面和浮雕效果并复制副本

❽ 新建图层,绘制一个青色圆环,效果如图4-10所示。

图4-10 绘制圆环

⑨ 执行菜单栏中的"图层"|"图层样式"|"内发光"和"渐变叠加"命令,分别打开"图层样式"对话框,其中的参数设置如图4-11所示。

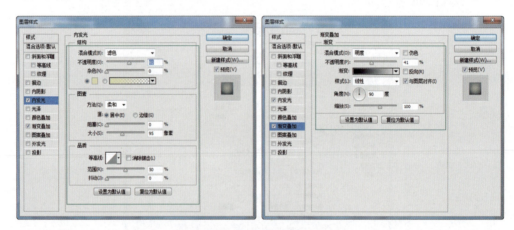

图4-11 设置图层样式

⑩ 设置完毕单击"确定"按钮,效果如图4-12所示。

图4-12 添加图层样式

⑪ 打开本书配备的"素材\第4章\收纳箱.png"素材文件,使用 绘制封闭路径,按Ctrl+Enter组合键将路径转换成选区,使用 将选区内的图像拖曳到新建文档中,调整位置和大小,效果如图4-13所示。

图4-13 移入素材

⑫ 下面制作收纳箱底部的阴影,让画面看起来更自然。执行菜单栏中的"图层"|"图层样式"|"投影"命令,打开"图层样式"对话框,其中的参数设置如图4-14所示。

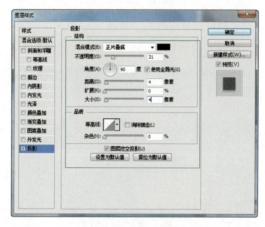

图4-14 设置投影

⑬ 设置完毕单击"确定"按钮,执行菜单栏中的"图层"|"图层样式"|"创建图层"命令,将阴影变成一个单独的图层,单击 （添加图层蒙版）按钮为其添加一个图层蒙版,使用 （画笔工具）涂抹黑色,效果如图4-15所示。

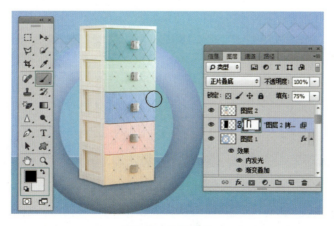

图4-15 编辑蒙版

⑭ 在圆环图层的下方新建一个图层，按住Ctrl键的同时单击圆环所在图层的缩览图，调出选区并将其填充为黑色，效果如图4-16所示。

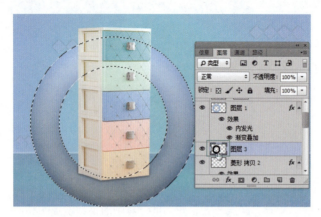

图4-16　调出选区

⑮ 按Ctrl+D组合键去掉选区，执行菜单栏中的"滤镜"|"模糊"|"高斯模糊"命令，打开"高斯模糊"对话框，设置"半径"为3.5像素，设置完毕单击"确定"按钮，效果如图4-17所示。

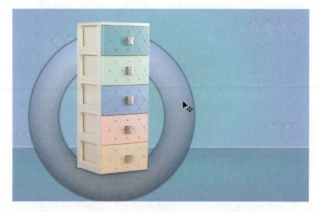

图4-17　高斯模糊后的效果

⑯ 按Ctrl+T组合键调出变换框，拖动控制点将其调低，设置"不透明度"为21%，效果如图4-18所示。

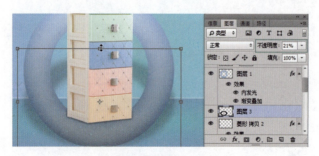

图4-18　调整图形

⑰ 按Enter键完成变换。新建一个图层，在圆环下方绘制一个椭圆形，应用"高斯模糊"命令后再调整不透明度，效果如图4-19所示。

图4-19 制作阴影

⑱ 新建图层,在图像的右侧绘制花纹边缘,如图4-20所示。

图4-20 绘制图形

⑲ 分别在每个花纹边缘图形中输入文本,绘制直线和正圆,再在下方输入文字和绘制矩形,如图4-21所示。

图4-21 输入文字

⑳ 打开本书配备的"素材\第4章\吊灯.png""铁艺.png""小熊.png"素材文件,将其拖曳到合适的位置,效果如图4-22所示。

图4-22 移入素材

㉑ 下面为铁艺制作一个背景。复制一个铁艺副本,执行菜单栏中的"编辑"|"变换"|"垂直翻转"命令,再将其向下移动。单击 ▭ (添加图层蒙版)按钮,为其添加一个图层蒙版,使用 ▭ (渐变工具)对蒙版进行编辑。至此,本例制作完毕,效果如图4-23所示。

图4-23 商品整体参与设计与制作

4.1.2 商品局部参与设计与制作

广告中局部图像出现在整体作品中,是完整图像的对立面,视觉上的不完整性,会使买家在大脑中自动填补其完整形态,让浏览者为了联想商品完整性而停留更长的时间。这种设计不但为店铺带来了新的视觉感受,还为买家预留了想象空间。本例中以切断式商品主体风格制作了如图4-24所示的950像素广告效果。在设计时将展示的商品进行截断,广告只显示局部图像。

本例以运动鞋广告作为设计内容,其中主要内容是运动鞋,但显示出来的却是被切断的部分。在看到此商品时,浏览者会在脑海中构思没有出现的隐藏部分,再加上与鞋子相互呼应的配色(无论是背景还是文案),都让整个广告充满视觉感。

操作步骤:

❶ 首先打开Photoshop软件,打开本书配备的"素材\第4章\运动鞋.png"素材文件。新建一个宽度为950像素、高度为600像素的空白文档,将背景填充为灰色,将前景色分别设置成鞋子上面的颜色后,使用 ▭ (画笔工具)绘制墨迹画笔,如图4-25所示。

图4-24 商品局部参与设计与制作

图4-25 背景制作

❷ 复制画笔图形，将其缩小后移动到左侧的上角和下角处，效果如图4-26所示。

图4-26 复制并缩小画笔图形

❸ 使用 ![移动工具图标] （移动工具）将"运动鞋"素材拖曳到新建文档中，调整大小和位置，效果如图4-27所示。

❹ 按Ctrl+J组合键复制鞋子所在图层的副本，执行菜单栏中的"滤镜"|"其他"|"高反差保留"命令，打开"高反差保留"对话框，其中的参数设置如图4-28所示。

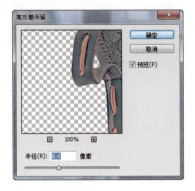

图4-27　移入素材　　　　　　　　　　图4-28　"高反差保留"对话框

❺ 设置完毕单击"确定"按钮,再执行菜单栏中的"图层"|"创建剪贴蒙版"命令,设置"混合模式"为"叠加"、"不透明度"为47%,效果如图4-29所示。

图4-29　高反差保留后设置混合模式

> **技巧:**
> 使用"创建剪贴蒙版"命令可以为图层添加剪贴蒙版效果。剪贴蒙版是使用基底图层中图像的形状来控制上面图层中图像的显示区域。在菜单栏中执行"图层"|"创建剪贴蒙版"命令或在"图层"面板中两个图层之间按住Alt键,此时光标会变成 形状❶,单击即可转换上面的图层为剪贴蒙版图层,如图4-30所示。在剪贴蒙版的图层间单击,此时光标会变成 形状❷,单击可以取消剪贴蒙版设置。创建剪贴蒙版后,会将上层中的图像按下层中图像的形状进行显示。

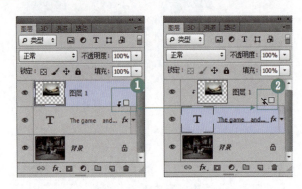

图4-30　创建剪贴蒙版

❻ 新建图层，使用 ◎.（多边形工具）绘制白色三角形，设置"不透明度"为40%，效果如图4-31所示。

图4-31 绘制三角形并设置不透明度

❼ 新建图层，使用 ▭.（矩形工具）绘制青色矩形，效果如图4-32所示。

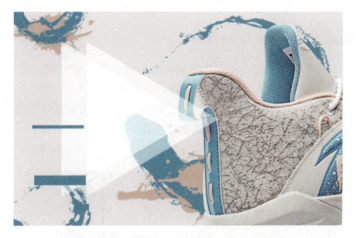

图4-32 绘制矩形

❽ 使用 T.（横排文字工具）输入对应的文字，将文字设置成左对齐，效果如图4-33所示。

图4-33 输入文字

❾ 打开本书配备的"素材\第4章\鞋标.jpg"素材文件,将其拖曳到新建文档中。至此,本例制作完毕,效果如图4-34所示。

图4-34 最终效果

4.1.3 多视点参与设计与制作

常规视角的广告制作是大多数网店主图的最常用方法,但这样的图片看多了就会产生审美疲劳,导致对买家的吸引力逐渐降低。按照此逻辑,我们可以在商品视角的运用上进行大胆的尝试,使买家产生新鲜感,从心理上感觉眼前一亮,无形中对店铺的流量产生推动力。本例中以多视点商品主体风格制作了如图4-35所示的950像素广告效果。在设计时,将展示的商品放至沙滩上并展现了汽车的三处细节内容,从而更加清晰地展示所售商品中的各个优点。

图4-35 多视点参与设计与制作

本例以汽车广告作为设计内容,其主要内容是放在沙滩上的汽车。在图像中展示不同视角的商品信息,不但展示了这个汽车的原貌,还展示了车身上的三处细节效果,再加上文案的设计与制作,可以让整个广告更加具有诱惑力。

操作步骤:

❶ 首先打开Photoshop软件,新建一个宽度为950像素、高度为600像素的空白文档,移入本书配备的"素材\第4章\沙滩.jpg"素材文件,调整位置和大小,如图4-36所示。

图4-36 新建文档并移入素材

❷ 打开本书配备的"素材\第4章\汽车.psd"素材文件,将其中的汽车和"影"图层中的图像都移动到新建文档中,调整大小和位置,复制一个副本,将其水平翻转并移动到右侧,如图4-37所示。

图4-37 移入素材

❸ 打开本书配备的"素材\第4章\光纹理.jpg"素材文件,将其拖曳到新建文档中的车身上面,设置"混合模式"为"颜色减淡",如图4-38所示。

图4-38 移入素材框

❹ 复制汽车,将副本移动到右侧靠上的位置,使用 ▢ (矩形选框工具)在车灯处绘制一个矩形选区,效果如图4-39所示。

图4-39　复制图像绘制选区

❺ 单击 ■ （添加图层蒙版）按钮，为图层创建图层蒙版，执行菜单栏中的"图层"|"图层样式"|"描边"命令，打开"图层样式"对话框，其中的参数值设置如图4-40所示。

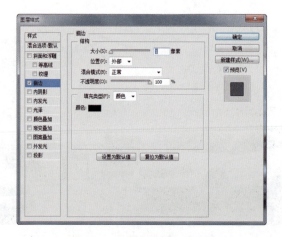

图4-40　"图层样式"对话框

❻ 设置完毕单击"确定"按钮，效果如图4-41所示。

图4-41　添加描边

❼ 使用同样的方法制作另外两处细节部分，效果如图4-42所示。

第4章 商品广告图像设计与制作

图4-42 细节展示

❽ 输入白色文字，为其添加投影，如图4-43所示。

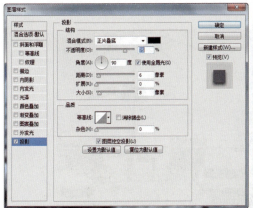 

图4-43 输入文字添加投影

❾ 打开本书配备的"素材\第4章\金属纹理.jpg"素材文件，将其拖曳到新建文档中，执行菜单栏中的"图层"|"创建剪贴蒙版"命令，再将蒙版移动到合适位置，效果如图4-44所示。

图4-44 移入素材创建剪贴蒙版

❿ 复制文字图层，移动到最顶层，单击 ▫（添加图层蒙版）按钮，为图层添加图层蒙版，使用 ▫（渐变工具）对蒙版进行编辑，效果如图4-45所示。

147

图4-45 编辑蒙版

⑪ 使用同样的方法制作下面的文字,将前景色设置为红色,使用 绘制一个墨迹笔触,在上面输入黑色文字,效果如图4-46所示。

图4-46 绘制画笔输入文字

⑫ 使用 绘制一个白色三角形,为其添加一个白色描边图层样式,设置"填充"为43%,效果如图4-47所示。

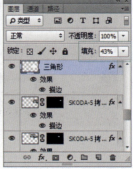

图4-47 绘制三角形添加描边

⑬ 在三角形上输入文字，为文字添加一个黑色的外发光图层样式，效果如图4-48所示。

图4-48　输入文字

⑭ 新建图层，使用 创建选区后填充为白色，按Ctrl+D组合键去掉选区，再降低不透明度，最后将车标移入，完成本例的制作，效果如图4-49所示。

图4-49　最终效果

4.1.4　超出背景区域设计与制作

　　超出范围设计指的就是冲出束缚的版面，从而吸引眼球，也就是素材本身的某个部分在规划设计区域以外。此种设计方式打破了原有的物体封闭性，给买家一个新的视觉冲击。本例中以超出背景区域风格制作了如图4-50所示的950像素广告效果。在设计时，将展示的商品超出背景图像的区域，从而更加凸显商品本身。

图4-50 超出背景区域设计与制作

本例以冲锋衣广告作为设计内容，其主要内容是身穿冲锋衣的模特高度超出背景的范围，再用左侧文案、黄色色块、小鸟、蝴蝶来凸显冲锋衣的户外用途特点。

操作步骤：

❶ 首先打开Photoshop软件，新建一个宽度为950像素、高度为500像素的空白文档，使用 （多边形套索工具）绘制选区后，再使用 （渐变工具）填充渐变色，打开本书配备的"素材\第4章\花纹理.png"素材文件，将其拖曳到新建文档中，设置"不透明度"为19%，效果如图4-51所示。

图4-51 新建文档填充渐变色再移入素材

❷ 使用 （横排文字工具）在文档中输入绿色文本，设置"不透明度"为23%，如图4-52所示。

图4-52 输入文字

❸ 打开本书配备的"素材\第4章\模特01.png"和"模特02.jpg"素材文件，将其拖曳到新建文档中，设置"模特02"素材所在图层的"混合模式"为"正片叠底"，如图4-53所示。

图4-53 移入素材

❹ 在"模特01"素材所在图层的下方新建一个图层,按住Ctrl键的同时单击"模特01"素材所在图层的缩览图,调出选区后将选区填充为黑色,如图4-54所示。

图4-54 调出选区

❺ 按Ctrl+D组合键取消选区,执行菜单栏中的"滤镜"|"模糊"|"高斯模糊"命令,打开"高斯模糊"对话框,设置"半径"为3.5像素,设置完毕单击"确定"按钮,效果如图4-55所示。

图4-55 模糊后

❻ 按Ctrl+T组合键调出变换框,按住Ctrl键的同时拖动控制点变换图像,再设置"不透明度"为12%,效果如图4-56所示。

❼ 按Enter键完成变换,打开"花"素材,将图像拖曳到新建文档中,设置"不透明度"为12%,效果如图4-57所示。

图4-56 变换图形

图4-57 移入素材

❽ 在文档中绘制直线、矩形、封印和正圆，为黄色正圆添加一个白色描边图层样式，效果如图4-58所示。

图4-58 绘制形状

❾ 输入对应的文字，效果如图4-59所示。

图4-59 输入文字

⑩ 复制黄色正圆，将其缩小后移动到"sale！"叹号下面的点上，效果如图4-60所示。

图4-60 复制

⑪ 打开本书配备的"素材\第4章\蝴蝶.png""鸟.png""飘动.png"素材文件，将它们分别拖曳到新建文档中，调整大小和位置。至此，本例制作完毕，效果如图4-61所示。

图4-61 最终效果

4.2 750像素广告设计与制作

网店中宽度为750像素的广告通常会被放置到第2屏或详情页的首广告中，该广告在淘宝中的宽度被固定在750像素，而高度可以根据商品的不同进行设置，如图4-62所示。本节按色系对色彩进行分类来设计750像素广告，色系即色彩的冷暖分别。色彩学上根据心理感受，把颜色分为暖色调（红、橙、黄）、冷色调（青、蓝）和中性色调（紫、绿、黑、灰、白）。下面以暖色系方案设计与制作、冷色系方案设计与制作和中性色方案设计与制作进行讲解。

图4-62 750像素广告

4.2.1 暖色系方案设计与制作

由太阳光衍生出来的颜色——红色和黄色，给人以温暖柔和的感觉。本例中以暖色调风格制作了如图4-63所示的750像素广告效果。在设计时，以暖色的黄橙色为主色，配以修饰的文案来制作出此风格的广告内容。

图4-63 暖色系方案设计与制作

本例以围巾广告作为设计内容,其中一眼就可以看到一条绒球的围巾,它是广告中的商品;以渐变色加图像混合的方式制作出具有动感的背景,文案的设计让整个广告更加具有视觉冲击力和观赏性。

操作步骤:

❶ 首先打开Photoshop软件,新建一个宽度为750像素、高度为400像素的空白文档,设置前景色和背景色后,使用 ■.(渐变工具)填充"从黄色到橘红色"的径向渐变。新建一个图层,使用 ♦.(钢笔工具)绘制封闭路径,按Ctrl+Enter组合键将路径转换为选区,填充白色后,设置"不透明度"为32%,效果如图4-64所示。

图4-64 背景色制作

❷ 打开本书配备的"素材\第4章\图案.png"素材文件,将其拖曳到新建文档中,设置"混合模式"为"叠加"、"不透明度"为46%,效果如图4-65所示。

图4-65 移入素材

❸ 打开本书配备的"素材\第4章\围巾店标.jpg"素材文件,执行菜单栏中的"编辑"|"定义画笔预设"命令,打开"画笔名称"对话框,设置"名称"为"围巾店标",如图4-66所示。

图4-66 定义画笔

❹ 定义画笔后单击"确定"按钮,在新建文档中新建一个图层,使用 ✎(画笔工具)在文档中绘制多个白色画笔,设置"不透明度"为45%,如图4-67所示。

图4-67　绘制定义的画笔

⑤ 打开本书配备的"素材\第4章\围巾.jpg"素材文件，将其拖曳到新建文档中，设置"混合模式"为"正片叠底"，效果如图4-68所示。

图4-68　移入素材

⑥ 复制"图层4"图层，得到"图层4拷贝"图层，单击 ▢（添加图层蒙版）按钮，为图层添加一个图层蒙版，使用 ✎（画笔工具）在蒙版中围巾以外的区域涂抹黑色，效果如图4-69所示。

图4-69　编辑蒙版

⑦ 再复制"图层4"图层，得到"图层4拷贝2"图层，执行菜单栏中的"编辑"|"变换"|"垂直翻转"命令，将图像翻转后向下移动，设置"混合模式"为"变暗"、"不透明度"为38%，效果如图4-70所示。

图4-70　翻转后设置混合模式

❽ 新建图层，绘制一个正圆选区后，将选区填充径向渐变，按Ctrl+D组合键去掉选区，再绘制两个矩形并分别调整不透明度，将圆形上面的小矩形创建剪贴蒙版，如图4-71所示。

图4-71　绘制图形

❾ 使用 T.（横排文字工具）在文档中输入文字，再分别调整文字的颜色和字体，效果如图4-72所示。

图4-72　输入文字

❿ 为输入的文本添加相应的图层样式，如图4-73所示。

图4-73　添加不同的图层样式

⑪ 至此，本例制作完毕，效果如图4-74所示。

图4-74　最终效果

4.2.2　冷色系方案设计与制作

蓝色、绿色、紫色都属于冷色系，给人专业、稳重、清凉的感觉。本例以冷色调风格制作了如图4-75所示的750像素广告效果。在设计时，以冷色的蓝色、紫色为主色配以中性色和冷色的文案，以暖色调的个别文字作为点缀，来制作出此风格的广告内容。

图4-75　冷色系方案设计与制作

本例以户外广告作为设计内容，其主要内容是背景中的人物以及身上的装备，通过人物的眺望及人物的外轮廓，加入热气球让图片空间更加具有纵深感，在左侧布局文案。

操作步骤：

① 启动Photoshop软件，新建一个宽度为750像素、高度为400像素的空白文档，打开本书配备的"素材\第4章\户外组合.jpg"素材文件，将其拖曳到新建文档中并调整大小，复制一个副本，将其调整得小一点。选择图层，执行菜单栏中的"滤镜"|"模糊"|"高斯模糊"命令，设置"半径"为42像素，如图4-76所示。

② 新建图层，绘制一个（R:255，G:58，B:253）颜色的矩形，设置"混合模式"为"减去"、"不透明度"为24%，效果如图4-77所示。

图4-76 移入素材应用模糊

图4-77 绘制矩形设置混合模式

❸ 新建一个图层,使用 ■（渐变工具）在文档中间向外拖动填充"从（R:128,G:239,B:231）到（R:255,G:58,B:253）"的径向渐变,设置"混合模式"为"柔光",效果如图4-78所示。

图4-78 填充渐变设置混合模式

❹ 选择填充渐变的图层,单击 ■（添加图层蒙版）按钮,为图层添加一个图层蒙版,使用 ✎（画笔工具）在人物处涂抹黑色,使人物回归到原有颜色,效果如图4-79所示。

图4-79　编辑蒙版

❺ 在"图层"面板中单击 ⬤.（创建新的填充或调整图层）按钮，在弹出的下拉菜单中选择"色相/饱和度"命令，在打开的"属性"面板中调整色相和饱和度，其中的参数设置如图4-80所示。

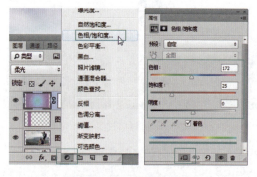

图4-80　设置色相/饱和度

❻ 设置完毕，在"图层"面板中设置"混合模式"为"浅色"，如图4-81所示。

图4-81　设置混合模式

❼ 使用 T.（横排文字工具）在文档中输入文字，如图4-82所示。

图4-82　输入文字

❽ 为文字分别设置大小、颜色和字体，调整文字的位置，效果如图4-83所示。

图4-83　编辑文本

❾ 在不同文字后面绘制矩形作为衬托，打开本书配备的"素材\第4章\热气球.png"素材文件，将其拖曳到新建文档中，分别调整大小和位置。至此，本例制作完毕，效果如图4-84所示。

图4-84　最终效果

4.2.3　中性色方案设计与制作

中性色即黑、白、灰三种颜色，适合与任何色系相搭配。本例以黑白配色制作中性色风格750广告效果，如图4-85所示。在设计时，以黑色为主色，配以白色文案来制作出中性色风格的广告内容。

图4-85　中性色方案设计与制作

本例以围巾广告作为设计内容，其中主要内容是在抽象的橱窗中展示围巾照片，此创意不难看出围巾的高端；配以简洁的文案体现出围巾的自身特点，让整个广告看起来非常大气。

操作步骤：

❶ 首先打开Photoshop软件，新建一个宽度为750像素、高度为400像素的空白文档，为其填充黑色，新建图层，使用 ▯ （矩形选框工具）绘制矩形选区，再使用 ▮ （渐变工具）填充"从灰色到透明"的线性渐变，如图4-86所示。

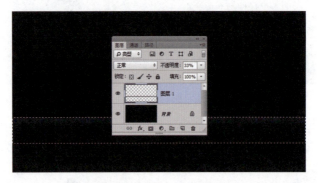

图4-86　填充黑色和灰色渐变

❷ 打开本书配备的"素材\第4章\爆炸.png""爆炸1.png"素材文件，将其分别移入新建文档中，调整大小和位置，为这两个图层设置"混合模式"为"柔光"，效果如图4-87所示。

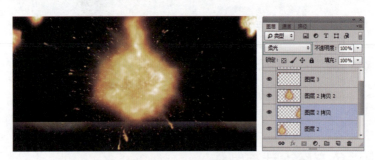

图4-87　移入素材

❸ 打开本书配备的"素材\第4章\石头.png"素材文件，将其拖曳到新建文档中，调整大小和位置，效果如图4-88所示。

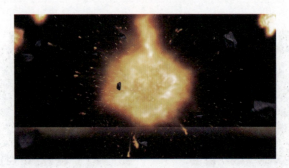

图4-88　移入素材

❹ 新建图层，使用 ▯ （多边形工具）绘制一个白色三角形，将其放置到中间顶部位置，再为其添加一个"内发光"图层样式，效果如图4-89所示。

图4-89　绘制三角形添加内发光效果

❺ 打开本书配备的"素材\第4章\围巾上身001.png""围巾上身002.png""丝巾01.jpg"素材文件，将它们分别拖曳到新建文档中，执行菜单栏中的"图层"|"创建剪贴蒙版"命令，分别为3个图层创建剪贴蒙版，再调整图像的大小和位置，效果如图4-90所示。

图4-90　创建剪贴蒙版

❻ 新建图层组，使用 ▭（矩形工具）绘制一个黑色矩形，将其旋转45°，效果如图4-91所示。

图4-91　绘制矩形

❼ 将"围巾上身002"素材拖曳到新建文档中，为其创建剪贴蒙版，效果如图4-92所示。

图4-92　创建剪贴蒙版

⑧ 新建一个图层,选择 ▽.(多边形套索工具),在选项栏中设置"羽化"为50像素,使用 ▽.(多边形套索工具)绘制一个封闭选区,将选区填充为粉色,设置"混合模式"为"叠加",效果如图4-93所示。

图4-93　绘制选区填充颜色并设置混合模式

⑨ 按Ctrl+D组合键去掉选区,在"图层"面板中选择此区域的图层,按Ctrl+Alt+E组合键得到一个合并图层,将其垂直翻转后向下移动,效果如图4-94所示。

图4-94　倒影

⑩ 新建一个图层,使用 □.(矩形工具)绘制一个黑色矩形,设置"混合模式"为"颜色",再复制两个副本,效果如图4-95所示。

图4-95　绘制黑色矩形

⑪ 新建一个图层,使用 ✐.(画笔工具)绘制粉色笔触,分别设置"混合模式"和降低"不透明度"后,复制一个副本并将其水平翻转,效果如图4-96所示。

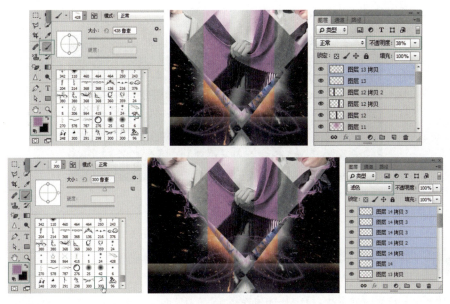

图4-96 绘制画笔

⑫ 新建图层，绘制一个黑色矩形，调整不透明度后输入文本并为文本制作倒影，如图4-97所示。

图4-97 输入文字

⑬ 新建图层，使用 ◯（多边形工具）绘制圆角三角形，如图4-98所示。

图4-98 绘制圆角三角形

⑭ 输入合适的文字。至此，本例制作完毕，效果如图4-99所示。

图4-99　最终效果

4.3　190像素广告设计与制作

190像素广告的宽度比较小，在网店中通常会放置到页面中的左侧或右侧的小布局中，作用是更好地为网店中的商品做宣传，如图4-100所示。在本例中对凸显特点方案设计与制作和商品本身参与设计与制作进行讲解。

图4-100　190像素广告

4.3.1　凸显特点方案设计与制作

在设计商品广告时，无论是价格、产品功能还是产品本身，都要将重点凸显出来。一定不要让重点部分与次要部分平分秋色，这会让买家分不清主次。在设计时，要考虑同商品在网店中的差异化设计。本例中以商品特点风格制作了如图4-101所示的190像素广告效果。在设计时，以文案说明的方式来制作出此风格的广告内容。

本例以空气净化器广告作为设计内容，浏览者一眼就能看到空气净化器，用文案辅助说明商品的特点，让特点完全凸显出来。

第4章 商品广告图像设计与制作

操作步骤：

❶ 首先启动Photoshop软件，新建一个宽度为190像素、高度为500像素的空白文档，打开本书配备的"素材\第4章\净化器背景.jpg"素材文件，如图4-102所示。

❷ 打开本书配备的"素材\第4章\净化器.png"素材文件，将其拖曳到新建文档中，效果如图4-103所示。

图4-101　凸显特点方案设计与制作　　图4-102　新建文档移入素材　　图4-103　移入素材

❸ 执行菜单栏中的"图层"|"图层样式"|"投影"命令，打开"图层样式"对话框，设置参数后单击"确定"按钮，效果如图4-104所示。

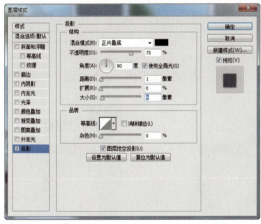  

图4-104　添加投影

❹ 执行菜单栏中的"图层"|"图层样式"|"创建图层"命令，将投影分离出来。选择投影所在的图层，单击 ▢（添加图层蒙版）按钮，为图层添加图层蒙版，使用 ✎（画笔工具）在蒙版中涂抹黑色，效果如图4-105所示。

❺ 打开本书配备的"素材\第4章\草蔓.png"素材文件，将其拖曳到新建文档中，选择"草蔓"素材所在的图层，复制几个副本并调整位置，效果如图4-106所示。

图4-105　编辑蒙版

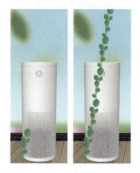
图4-106　移入素材复制副本

❻ 将"草蔓"所在的图层一同选取，按Ctrl+E组合键合并图层，执行菜单栏中的"编辑"|"操控变形"命令，在草蔓上单击添加操控点，拖动操控点改变形状，如图4-107所示。

❼ 按Enter键完成操控变形，为其添加图层蒙版，使用黑色画笔进行编辑，效果4-108所示。

图4-107　操控变形

图4-108　编辑蒙版

❽ 为"草蔓"所在的图层添加投影图层样式。打开本书配备的"素材\第4章\小鸟.png""鸟.png""树叶子.png"素材文件，将它们分别拖曳到新建文档中，效果如图4-109所示。

❾ 在图像的上半部分绘制两个绿色矩形，并调整一下不透明度。绘制矩形的目的是输入文字，在下方绘制一个加号，效果如图4-110所示。

❿ 使用 T.（横排文字工具）输入对应的文字。至此，本例制作完毕，效果如图4-111所示。

图4-109　添加投影移入素材

图4-110　绘制矩形和加号

图4-111　最终效果

4.3.2 商品本身方法设计与制作

直接让商品在广告中参与设计，可以更好地体现商品本身的特色和质感，如将商品作为底图再加上图形进行设计，可以使整个图像变成一个创意设计。本例中以商品本身参与的风格制作了如图4-112所示的190像素广告效果。在设计时，以图形辅助、文案进行说明的方式制作出此风格的广告内容。

本例以女士短裙作为设计内容，浏览者一眼就能看到短裙，用图形和文案进行辅助设计出此广告。

操作步骤：

1. 首先打开Photoshop软件，新建一个宽度为190像素、高度为400像素的空白文档，打开本书配备的"素材\第4章\模特.png"素材文件，将其拖曳到新建文档中，调整大小和位置，效果如图4-113所示。

图4-112　商品本身方法设计与制作

图4-113　新建文档并移入素材

2. 此时发现人物的发丝区域、手部、脚部，有一些没有抠干净的白色。在人物下面新建图层，绘制白色图形并设置不透明度，可遮挡没有抠干净的区域，效果如图4-114所示。

3. 新建图层，绘制一个三角形选区填充颜色，收缩选区后删除选区内容，效果如图4-115所示。

图4-114　绘制图形设置不透明度

图4-115　绘制图形

④ 按Ctrl+D组合键键去掉选区，为图层添加图层蒙版，使用黑色画笔编辑蒙版，效果如图4-116所示。

图4-116 编辑蒙版

⑤ 单击 （创建新的填充或调整图层）按钮，在弹出的下拉菜单中选择"色相/饱和度"命令，调整各个参数，效果如图4-117所示。

图4-117 调整颜色

⑥ 新建图层，在三角形边缘绘制直线，效果如图4-118所示。
⑦ 复制人物所在的图层，调整位置和不透明度，效果如图4-119所示。

图4-118 绘制直线

图4-119 复制图层

⑧ 新建图层，绘制黑色矩形、黑色直线、黑色线框、黑色图案，效果如图4-120所示。
⑨ 使用 （横排文字工具）输入对应的文字。至此，本例制作完毕，效果如图4-121所示。

第4章 商品广告图像设计与制作

图4-120 绘制图形

图4-121 最终效果

4.4 陈列区广告设计与制作

在设计淘宝店铺首页的各个元素时,除了店招、广告图外,大多数的店铺都会在首页添加一个图像陈列区域。陈列区可以放在第二屏或第三屏中,宽度可以是标准通栏的950像素,也可以在水平分开区域中的750像素中进行摆放,如图4-122所示的图像为店铺中陈列区广告内容。在本例中将为大家讲解格局分布方案设计与制作和图片混合搭配方案设计与制作。

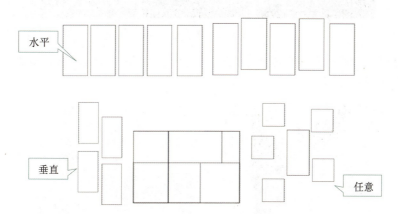

图4-122 陈列区广告设计与制作

4.4.1 格局分布方案设计与制作

在陈列区的商品广告设计中,通常会在商品底图上进行格局分布,使整个图像布局得更加分明,以此来凸显陈列区的作用。本例中以格局分布风格特点制作了如图4-123所示的陈列区广告效果。在设计时,以线条划分格局的方式来制作出此风格的广告内容。

图4-123　格局分布方案设计与制作

本例以女士外套广告作为设计内容，其中主要内容一眼就会看到是女士针织外衣，加以文案进行辅助说明的陈列区的特点。

操作步骤：

❶ 启动Photoshop软件，新建一个宽度为750像素、高度为400像素的空白文档。打开本书配备的"素材\第4章\模特03.jpg""模特04.jpg"素材文件，如图4-124所示。

图4-124　素材文件

❷ 将"模特03""模特04"素材拖曳到新建文档中，按Ctrl+T组合键将其调整到合适大小，按Enter键完成变换，效果如图4-125所示。

图4-125　移入素材调整大小

❸ 新建图层，使用 ▭（矩形工具）绘制两个不同颜色的矩形，效果如图4-126所示。

第4章 商品广告图像设计与制作

图4-126 绘制矩形

❹ 新建图层，使用 ◢（直线工具）绘制4条白色直线，效果如图4-127所示。

图4-127 绘制直线

❺ 使用 T（横排文字工具）输入文字。至此，本例制作完毕，效果如图4-128所示。

图4-128 最终效果

4.4.2 图片混合搭配方案设计与制作

将两张图片相搭配来结合单色背景制作整体的图像合成风格，可以使整个陈列区具有动静相呼应的广告效果。如图4-129所示为陈列区广告效果。商品照片的陈列可以直接影响店铺的美观程度，也可以定义店铺的风格，许多店铺都是使用陈列图来吸引买家目光的。

图4-129　图片混合搭配方案设计与制作

本例以户外广告作为设计内容，一眼就会看到户外运动是广告的主体，加以文案和对图像的样式处理，设计出该陈列区的特点。

操作步骤：

❶ 启动Photoshop软件，新建一个宽度为950像素、高度为400像素的空白文档，将其填充为灰色，打开本书配备的"素材\第4章\户外01.jpg""户外02.jpg"素材文件，如图4-130所示。

图4-130　素材文件

❷ 将"户外02"素材拖曳到新建文档中，按Ctrl+T组合键将其调整到合适大小，按Enter键完成变换，使用▣（矩形选框工具）和◯（椭圆选框工具）绘制选区，效果如图4-131所示。

图4-131　移入素材调整大小

❸ 单击▢（添加图层蒙版）按钮，为图层添加蒙版，效果如图4-132所示。

图4-132 添加蒙版

❹ 执行菜单栏中的"图层"|"图层样式"|"内阴影"命令,打开"图层样式"对话框,其中的参数设置如图4-133所示。

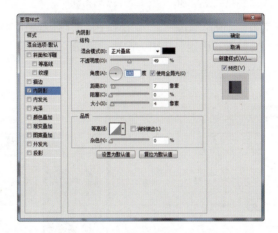

图4-133 "图层样式"对话框

❺ 设置完毕单击"确定"按钮,效果如图4-134所示。

图4-134 添加内阴影

❻ 使用同样的方法制作另一张图片,效果如图4-135所示。

图4-135 另一张图片效果

❼ 使用 T.（横排文字工具）在左侧空白区域输入文字，使用 ✿（自定形状工具）绘制两个箭头，效果如图4-136所示。

图4-136　输入文字绘制形状

❽ 选择白色箭头，执行菜单栏中的"图层"|"图层样式"|"外发光"命令，打开"图层样式"对话框，设置各项参数后单击"确定"按钮，设置"填充"为21%，效果如图4-137所示。

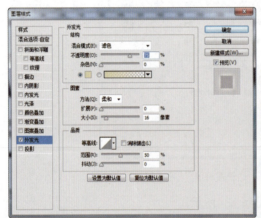

图4-137　添加外发光

❾ 至此，本例制作完毕，效果如图4-138所示。

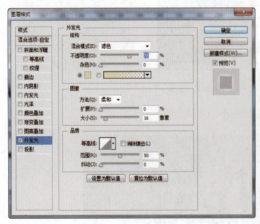

图4-138　最终效果

第 5 章
快速导航区设计与制作

| 本章重点 |
- 悬浮导航设计与制作
- 宝贝分类设计与制作

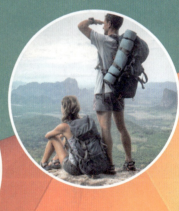

网店中的导航功能与网页中的类似,都是以最快的速度引导浏览者进入另一区域或另一界面。不同的是,网店中的导航需要更能吸引买家和更细致精准的引导,以便更快地使买家进入商品的展示或详情页面中。

除了和店招在一起的导航外,网店中的导航还有悬浮导航和宝贝分类导航等功能,本章主要为大家讲解悬浮导航设计与制作以及宝贝分类设计与制作。

◐ 温馨提示:

由于篇幅有限,本章中的案例只做简单的步骤讲解,详细的操作大家可以参考本书配备的视频教程。

5.1 悬浮导航设计与制作

悬浮导航无论显示的是第几屏内容,它始终在左上角显示。悬浮导航不仅有导航功能,还可以通过设计使其更加吸引买家的目光,如图5-1所示。本节就以常用的半透明方案设计与制作和单色背景方案设计与制作为例进行讲解。

图5-1 悬浮导航

5.1.1 半透明方案设计与制作

半透明悬浮导航，并不是指制作的所有内容都是半透明效果，在其中能够引起注意的区域和添加导航热区的位置还是处于非透明状态的，这样做的好处就是半透明区域可以与网店中的内容相融合，使其更加像一个整体；而关键部分可以凸显出来，用以吸引买家的目光。本例以半透明的方式制作了如图5-2所示的半透明悬浮导航效果。在设计时，主体文本区域处于非透明状态，无论背景区域如何变换，主体都能被清晰地展示出来。

图5-2　半透明方案设计与制作

悬浮导航半透明区域是为了与网店中显示的内容相融合，而非透明区域是为了更加清晰地展示热区内容和广告文案，文件最终一定要存储为PNG格式，只有这个格式才可以把图像中的透明和非透明区域完美地在网店中显示出来。

操作步骤：

❶ 首先打开Photoshop软件。要想创建悬浮导航，可以根据全屏通栏广告的大小创建一个宽度为190像素、高度为550像素的空白文档。新建图层，使用 ▭（矩形工具）绘制一个青色矩形，使用 ▽（多边形套索工具）绘制三角形选区，将其填充为橘色，如图5-3所示。

❷ 按Ctrl+D组合键去掉选区，选择除背景以外的所有图层，按Ctrl+Alt+E组合键得到一个合并后的图层，按Ctrl+T组合键调出变换框，将合并后图层中的图像拉高，按Enter键完成变换，"不透明度"设置为14%，效果如图5-4所示。

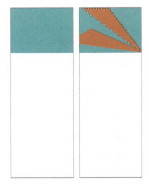

图5-3　绘制矩形和三角形

图5-4　变换后调整不透明度

❸ 新建图层，使用 ▽（多边形工具）绘制白色三角形，使用 ▭（矩形工具）绘制白色矩形，效果如图5-5所示。

④ 打开本书配备的"素材\第5章\小宝户外用品店标.jpg"素材文件，使用 ◯.（椭圆选框工具）创建一个正圆选区，使用 ▶+（移动工具）将选区内的图像拖曳到新建文档中，效果如图5-6所示。

图5-5 复制并变换

图5-6 移入素材

⑤ 使用 ◯.（椭圆工具）绘制一个"描边"为3像素的白色圆环，效果如图5-7所示。

⑥ 使用 T.（横排文字工具）输入对应的黑色文字，使用 ⌘.（自定形状工具）绘制黑色箭头形状，效果如图5-8所示。

图5-7 绘制圆环

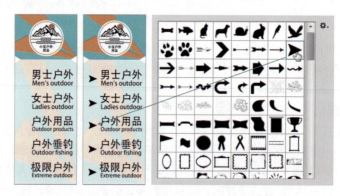

图5-8 输入文字绘制图形

⑦ 将"背景"图层隐藏，效果如图5-9所示。

⑧ 执行菜单栏中的"文件"|"存储为"命令，将其存储为PNG格式，效果如图5-10所示。

图5-9 隐藏图层

图5-10 存储

⑨ 图像制作完毕后，再到网店中进行应用，效果如图5-11所示。

第5章 快速导航区设计与制作

图5-11 应用后

5.1.2 单色背景方案设计与制作

在悬浮导航中，单色背景可以更好地将热区中的文案凸显出来，本例中以单色背景方式制作了如图5-12所示的悬浮导航效果。在设计时将背景直接隐藏，可以让其与网店内容融合成一个整体。

图5-12 单色背景方案设计与制作

将悬浮导航中的单色调整为半透明，是为了更均匀地与网店内容融合；文案部位是为了更好地进行热区设置。本例中也要将图片设置为PNG格式。

操作步骤：

❶ 首先打开Photoshop软件。要想创建悬浮导航，可以根据全屏通栏广告的大小创建一个宽度为190像素、高度为400像素的空白文档。新建图层，使用 □.（矩形工具）绘制一个黑色矩形，如图5-13所示。

❷ 使用 T.（横排文字工具）输入文字，效果如图5-14所示。

图5-13 新建文档绘制矩形

图5-14 输入文字

❸ 在"图层"面板中将"背景"图层隐藏。新建图层，绘制黑色直线和白色矩形，效果如图5-15所示。

图5-15 绘制图形

❹ 在下面空白区域，使用 （自定义形状工具）绘制一个黑色花1、一个黑色箭头、一个白色五角星、一个白色矩形，并进行旋转调整，效果如图5-16所示。

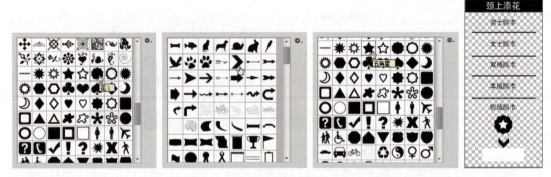

图5-16 绘制形状

❺ 在白色矩形上输入黑色文字，效果如图5-17所示。

❻ 执行菜单栏中的"文件"|"存储为"命令，将其存储为PNG格式，效果如图5-18所示。

图5-17 输入文字

图5-18 存储

❼ 图像设置完毕后，将其应用到网店中的悬浮导航，如图5-19所示。

图5-19 应用悬浮导航

5.2 宝贝分类设计与制作

在网店中，如果上传的宝贝过多，查看起来就会变得非常麻烦。此时如果将相同类型的宝贝进行归类，然后将宝贝放置到与之对应的分类中，再进行查找会变得十分轻松。网店中的宝贝分类就是为了让买家以最便捷的方式找到自己想买的物品。在店铺中，对于宝贝分类，可以按照网店的整体色调进行设计，好的宝贝分类可以让买家一目了然，如图5-20所示。

图5-20 宝贝分类

5.2.1 宝贝分类的设计原则

宝贝分类在网店中主要是起到导引作用，让买家可以在众多宝贝中快速查找到自己需要的商品。在设计与制作时，宝贝分类大多数会放置到左侧或通栏位置。

在制作宝贝分类时，最好秉承以下几个要点。
- 宝贝分类要点一：宝贝分类的名称，告诉买家正确的商品信息。
- 宝贝分类要点二：颜色，最好与店铺的风格颜色保持一致。
- 宝贝分类要点三：尺寸，如果是放置在宽度为190像素内的布局中，宝贝分类宽度最好设置在160像素以内。因为在添加宝贝分类时，需要留出左右两端的空白，如果宽度超出，系统会自动对其进行裁剪，这样就看不到完整的宝贝分类图片了。
- 宝贝分类要点四：不要太绚丽，如果宝贝分类的图片视觉效果超过广告或商品本身图片的吸引力，就会抢了风头，这样会得不偿失。

5.2.2 按钮式图案设计与制作

按钮式图案宝贝分类的设计，要与网店的主题相对应，本例制作了如图5-21所示的按钮式图案效果。

图5-21 按钮式图案设计与制作

在制作宝贝分类时，如果使用统一的背景色，就应该将其背景去掉。

操作步骤：

① 启动Photoshop软件，新建一个宽度为160像素、高度为60像素的空白文档，如图5-22所示。

② 新建图层，使用▇（矩形选框工具）绘制一个矩形，再使用▇（渐变工具）从上向下拖动填充从淡灰色到灰色的线性渐变，如图5-23所示。

图5-22 新建空白文档

图5-23 绘制矩形填充渐变色

③ 按Ctrl+D组合键去掉选区，新建图层，使用▇（矩形工具）绘制一个蓝黑色的矩形，如图5-24所示。

第5章 快速导航区设计与制作

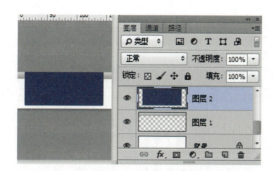

图5-24 绘制矩形

❹ 执行菜单栏中的"图层"|"图层样式"|"投影"命令,打开"图层样式"对话框,其中的参数设置如图5-25所示。

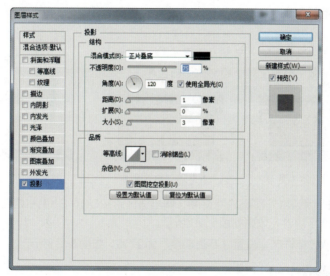

图5-25 "图层样式"对话框

❺ 设置完毕单击"确定"按钮,如图5-26所示。

❻ 新建图层,使用 ▢ (矩形选框工具)绘制一个矩形,再使用 ▢ (渐变工具)从上向下拖动填充"从橘色到黑橘色"的径向渐变,效果如图5-27所示。

图5-26 添加投影

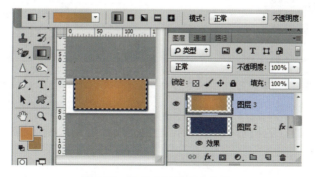

图5-27 绘制选区填充渐变色

⑦ 按Ctrl+D组合键去掉选区，新建图层，使用 ⊻（多边形套索工具）绘制一个三角形选区，并填充为深蓝色，效果如图5-28所示。

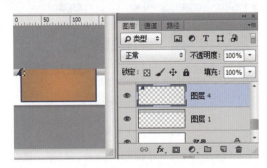

图5-28 绘制三角形

⑧ 按Ctrl+D组合键去掉选区，使用同样的方法制作右侧的三角形，使整体图像看起来更加具有立体感，如图5-29所示。

⑨ 使用 T（横排文字工具）输入文字，效果如图5-30所示。

⑩ 新建图层，使用 ◯（椭圆工具）绘制一个白色椭圆，效果如图5-31所示。

图5-29 制作三角形　　图5-30 输入文本　　图5-31 绘制椭圆

⑪ 按住Ctrl键单击"图层1"图层的缩览图，调出选区，按Ctrl+Shift+I组合键将选区反选，按Delete键删除选区内容，效果如图5-32所示。

⑫ 按Ctrl+D组合键去掉选区，设置"不透明度"为27%，如图5-33所示。

图5-32 清除选区

图5-33 设置不透明度

⑬ 至此，本例制作完毕，使用同样的方法制作出其他分类按钮，效果如图5-34所示。

第5章 快速导航区设计与制作

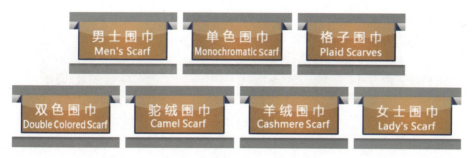

图5-34　按钮式宝贝分类

温馨提示：

在对店铺进行装修时，有时会改变宝贝分类的背景颜色。此时只要将背景隐藏，再将其存储为PNG格式就可以了，效果如图5-35所示。

图5-35　无背景宝贝分类

5.2.3　文字效果方案设计与制作

以文字主题作为宝贝分类时，只需要文字能够以简洁并凸显内容的形式显示即可，本例制作了如图5-36所示的文字效果方案宝贝分类。

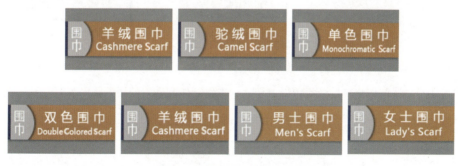

图5-36　文字效果方案设计与制作

在制作文字效果的宝贝分类时，最主要的就是凸显文字本身。

操作步骤：

① 启动Photoshop软件，新建一个宽度为160像素、高度为50像素的空白文档，将背景填充为橘黄色，如图5-37所示。

② 新建图层，使用 ◯ （椭圆工具）绘制一个灰色椭圆形，如图5-38所示。

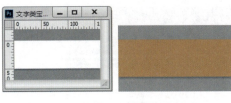

图5-37　新建空白文档　　　　图5-38　绘制椭圆形

❸ 执行菜单栏中的"图层"|"图层样式"|"投影"命令,打开"图层样式"对话框,其中的参数设置如图5-39所示。

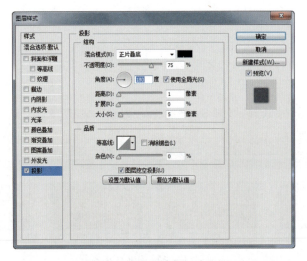

图5-39　"图层样式"对话框

❹ 设置完毕单击"确定"按钮,添加投影后的效果,如图5-40所示。
❺ 新建图层,使用 ▭（矩形工具）绘制一个深蓝色矩形,将其放置到最左侧,如图5-41所示。
❻ 使用文字工具输入对应的白色文字,效果如图5-42所示。

图5-40　添加投影　　　　图5-41　绘制矩形　　　　图5-42　输入文字

❼ 使用同样的方法制作出其他分类效果。至此,本例制作完毕,效果如图5-43所示。

图5-43　文字类型宝贝分类

5.2.4　子分类设计与制作

子分类在设计时要与宝贝分类的特点相对应,比如配色、样式等。本例根据按钮式图案效果制作了如图5-44所示的宝贝子分类。

在制作子分类时，字体、色调最好与宝贝分类一致。

操作步骤：

❶ 启动Photoshop软件，新建一个宽度为160像素、高度为40像素的空白文档，如图5-45所示。

图5-44　子分类设计与制作

图5-45　新建空白文档

❷ 新建图层，使用▭（矩形选框工具）绘制一个矩形，再使用▭（渐变工具）从上向下拖动填充"从橘色到黑橘色"的径向渐变，如图5-46所示。

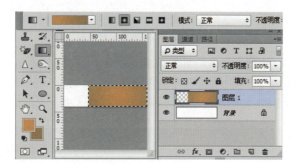

图5-46　填充渐变色

❸ 新建图层，使用▨（自定形状工具）在文档中绘制箭头，如图5-47所示。

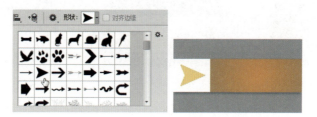

图5-47　绘制自定义图形

❹ 按住Ctrl键单击箭头所在图层的缩览图，调出选区后，使用▭（渐变工具）从上向下拖动填充"从黄色到黑黄色"的径向渐变，效果如图5-48所示。

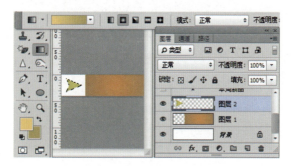

图5-48　填充渐变

❺ 按Ctrl+D组合键去掉选区，执行菜单栏中的"图层"|"图层样式"|"内阴影"和"投影"命令，分别打开"图层样式"对话框，其中的参数设置如图5-49所示。

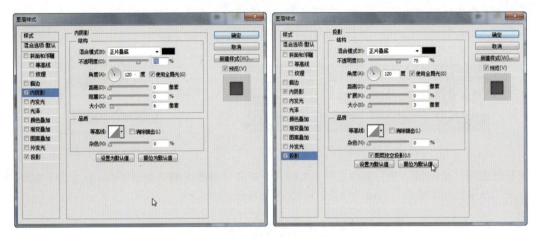

图5-49 "图层样式"对话框

❻ 设置完毕单击"确定"按钮，效果如图5-50所示。

❼ 新建图层，使用 ◯ （椭圆工具）绘制一个白色椭圆，效果如图5-51所示。

❽ 设置"不透明度"为28%，然后使用 T （横排文字工具）输入对应的文字，此时的"图层"面板如图5-52所示。

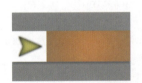

图5-50 添加图层样式

图5-51 绘制椭圆

图5-52 "图层"面板

❾ 至此，本例制作完毕。使用同样的方法制作出其他子分类按钮，效果如图5-53所示。

图5-53 宝贝子分类

❿ 根据文字效果方案宝贝分类，可以制作出如图5-54所示的子分类。

图5-54 文字效果子分类

第 6 章
店铺公告模板设计与制作

| 本章重点 |

▶ 横幅公告模板设计与制作
▶ 直幅公告模板设计与制作
▶ 为制作的模板进行切片

在淘宝网上做生意竞争是非常激烈的，让买家主动掏钱买商品是每个卖家的心愿。为了增加销量，店主会想出很多促销方案，用以激发买家的购买欲望。

如何才能让买家浏览网店时知道本店的促销活动呢？最好的方式就是宣传。宣传的方式很多，一种是直接在自定义区域输入文字，其优点是内容醒目、直接；缺点是整个店铺的装修毁于一旦。另一种是直接将促销文字与图像相结合，以图像的方式出现在自定义区域中，其优点是可以兼顾网店的装修设计；缺点是更换图像不是很便利。还有一种就是以公告文字的动态形式出现在自定义区域，其优点是直观、醒目、内容替换方便；缺点是需要代码支持。而店铺公告可以让买家直接了解本店的商业活动。

6.1 横幅公告模板设计与制作

横幅公告在网店中通常以宽度为950像素和750像素的形式出现，如图6-1所示。横幅公告在网店中以宽视屏、大视野的特点进行展示，可以让买家更容易知道本店最近的商业活动。要想将公告随时进行改变，就需要为其制作一个背景模板，上面的文字只要在网店后台进行输入就可以了。

图6-1 横幅店铺公告

6.1.1 950像素店铺公告模板制作

将店铺公告设置为横幅950像素的主要目的就是让店铺中的活动内容更加明显,从而引起买家的注意。如果只是将其设置为单纯的文本,那么在视觉吸引方面就会让此活动或店铺调整变得比较隐蔽,不会引起买家的注意,也就失去了公告本身的作用。如果将文案与图像进行创意设计,那么起码在视觉方面能引起浏览者的注意。在制作此模板时,只要将需要出现的文本区域空出来,就可以随时更改文本内容。

本例中以图像和文字空白区域相结合的方式制作了如图6-2所示的950像素店铺公告模板效果。在设计时要考虑人们在网店中从上向下、从左到右的浏览习惯。

图6-2 950像素店铺公告模板

店铺公告就是为了让买家看到,950像素店铺公告更加具备这个优点。本例在图像中间放置了需要后台输入的文本区域,左右两侧是图像,用来吸引买家注意,图像中的立体三角形使画面更具有动感。

操作步骤:

① 首先打开Photoshop软件,新建一个宽度为950像素、高度为400像素的空白文档,移入本书配备的"素材\第6章\登山.jpg"素材文件,复制一个副本,执行菜单栏中的"编辑"|"变换"|"水平翻转"命令,将副本进行水平翻转并移动到合适位置,如图6-3所示。

② 将"图层1"和"图层1拷贝"图层一同选取,执行菜单栏中的"编辑"|"自动混合图层"命令,打开"自动混合图层"对话框,选中"全景图"单选按钮,如图6-4所示。

图6-3 移入素材复制并翻转

图6-4 "自动混合图层"对话框

③ 设置完毕单击"确定"按钮,效果如图6-5所示。

④ 新建一个图层,将其填充为黑色,设置"不透明度"为64%,效果如图6-6所示。

图6-5 自动混合图层后

图6-6 调整不透明度

❺ 新建图层,在页面中绘制两个不同明度的黄色三角形。复制一个副本,按Ctrl+T组合键调出变换框,拖动控制点将副本进行变换,效果如图6-7所示。

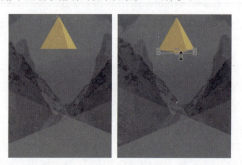

图6-7 变换

❻ 按Enter键完成变换,再按Ctrl+E组合键向下合并图层,设置合并后"图层3"图层的"不透明度"为67%,按Ctrl+T组合键调出变换框,将合并后的图像进行变换,效果如图6-8所示。

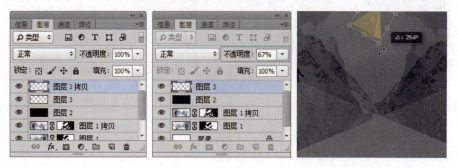

图6-8 变换

第6章 店铺公告模板设计与制作

❼ 按Enter键完成变换，复制一个副本并调整大小和位置，效果如图6-9所示。

图6-9 复制并调整大小和位置

❽ 新建一个图层，在页面中绘制橘色矩形和线段，设置"不透明度"为29%，效果如图6-10所示。

图6-10 绘制矩形和线段

❾ 新建两个图层，分别绘制黄色矩形和黄色椭圆形，如图6-11所示。

图6-11 绘制图形

❿ 按Ctrl+E组合键，向下合并图层。按住合并后的图层缩览图调出选区后，执行菜单栏中的"选择"|"修改"|"收缩"命令，打开"收缩选区"对话框，设置"收缩量"为5像素，效果如图6-12所示。

⓫ 设置完毕单击"确定"按钮，新建一个图层，执行菜单栏中的"编辑"|"描边"命令，打开"描边"对话框，其中的参数设置如图6-13所示。

⓬ 设置完毕单击"确定"按钮，选中"图层5"图层后按住Ctrl键单击"图层6"图层的缩览图，调出选区后，隐藏"图层6"图层，按Delete键清除选区内容，效果如图6-14所示。

图6-12　收缩选区　　　　　　　　　　图6-13　"描边"对话框

图6-14　清除选区内容

⑬ 按Ctrl+D组合键去掉选区，设置"不透明度"为67%，效果如图6-15所示。

图6-15　设置不透明度

⑭ 使用■（圆角矩形工具）绘制一个白色圆角矩形，降低不透明度后，使用●（椭圆工具）绘制4个描边为土黄色的白色正圆，在白色正圆里再绘制4个土黄色正圆，效果如图6-16所示。

图6-16　绘制图形

⑮ 使用 T.（横排文字工具）输入白色文字，将文字和后面的正圆图层一同选取，按Ctrl+E组合键将其合并为一个图层，执行菜单栏中的"图层"|"图层样式"|"投影"命令，打开"图层样式"对话框，设置各项参数后单击"确定"按钮，效果如图6-17所示。

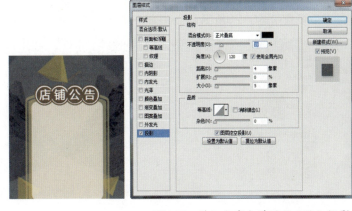

图6-17　输入文字合并图层后添加投影

⑯ 在文档的左上角处绘制一个橘色正圆，降低不透明度。至此，本例制作完毕，效果如图6-18所示。

图6-18　最终效果

6.1.2　750像素店铺公告模板制作

750像素店铺公告模板仍然属于横幅范畴，在设计时要考虑公告文字内容的摆放位置。

本例中以图像和文字空白区域相结合的方式制作了如图6-19所示的750像素店铺公告模板效果。

图6-19　750像素店铺公告模板

750像素店铺公告的优点是可以放置到比较显眼的位置；缺点是必须根据店铺的布局来考虑750像素公告的位置。本例总体按中国风风格来进行设计，公告展示区域在中间，加上其他素材的点缀，让本例的视觉感非常强。

操作步骤：

❶ 首先打开Photoshop软件，新建一个宽度为750像素、高度为300像素的空白文档。新建图层，将其填充为青绿色，执行菜单栏中的"图层"|"图层样式"|"图案叠加"命令，打开"图层样式"对话框，其中的参数设置如图6-20所示。

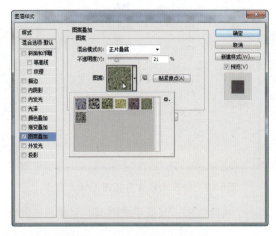

图6-20 "图层样式"对话框

❷ 设置完毕单击"确定"按钮，效果如图6-21所示。

图6-21 图案叠加后

❸ 打开本书配备的"素材\第6章\水墨画素材.png"素材文件，将其拖曳到新建文档中，"混合模式"设置为"线性加深"，"不透明度"设置为49%，效果如图6-22所示。

图6-22 移入素材设置混合模式

❹ 打开本书配备的"素材\第6章\房檐.jpg""画轴.png""树叶.png""小鸟.png""蝴蝶.png"素材文件，将它们分别拖曳到新建文档中，并调整位置和大小，效果如图6-23所示。

图6-23 移入素材

❺ 打开本书配备的"素材\第6章\光照纹理.jpg"素材文件,将其拖曳到新建文档中,调整位置和大小后,设置"混合模式"为"滤色",效果如图6-24所示。

图6-24 移入素材设置混合模式

❻ 新建图层,使用 ╱ (直线工具)在画轴上绘制黑色直线,使用 ▭ (矩形工具)绘制白色矩形并降低不透明度,效果如图6-25所示。

图6-25 绘制直线和矩形

❼ 使用 T (横排文字工具)输入黑色文字。至此,本例制作完毕,效果如图6-26所示。

图6-26 最终效果

6.1.3 750像素店铺公告水平文字滚动模板制作

制作750像素店铺公告模板时,要想让文字水平滚动,就需要控制高度,最好是不要太高,这里将其制作成了如图6-27所示的效果。

图6-27 750像素店铺公告模板

因为在制作模板时针对的是户外商品,所以色调选择了冷色调,左侧文字和小喇叭起到提示买家注意的效果,右面是在网店后台显示的文字。

操作步骤:

❶ 启动Photoshop软件,新建一个宽度为750像素、高度为45像素的空白文档。

❷ 将前景色设置为青色、背景色设置为淡青色,使用 ■(渐变工具)在文档中向下拖动,填充从前景色到背景色的线性渐变,此时背景如图6-28所示。

图6-28 填充渐变色

❸ 选择 ■(圆角矩形工具),在选项栏中设置"填充"为白色、"描边"为"无"、"半径"为5像素,在文档中绘制圆角矩形,如图6-29所示。

图6-29 绘制圆角矩形

❹ 执行菜单栏中的"图层"|"图层样式"|"内阴影"命令,打开"图层样式"对话框,为其添加如图6-30所示的内阴影。

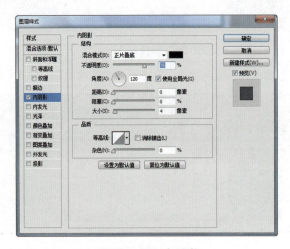

图6-30 添加内阴影

图6-30　添加内阴影（续）

❺ 在公告的左侧输入黑色文字"店铺公告"，选择与之对应的文字字体后，效果如图6-31所示。

图6-31　输入文字

❻ 选择 ▨（自定形状工具），在形状拾色器中选择"音量"，如图6-32所示。
❼ 使用 ▨（自定形状工具）绘制选择的形状，效果如图6-33所示。

图6-32　选择形状　　　　　　　　　图6-33　效果

❽ 为了更好地吸引买家注意，这里可以将左侧的小喇叭制作成闪烁效果。执行菜单栏中的"窗口"|"时间轴"命令，打开"时间轴"面板，如图6-34所示。
❾ 在"图层"面板中选中"形状1"图层，如图6-35所示。

图6-34　"时间轴"面板　　　　　图6-35　"图层"面板

❿ 在"时间轴"面板中单击"复制当前帧"按钮 ▨，得到第二帧，如图6-36所示。

图6-36　单击"复制当前帧"按钮

⑪ 选择第二帧，在"图层"面板中将"形状1"图层隐藏，如图6-37所示。

图6-37　隐藏图层

⑫ 在"时间轴"面板中将"选择延迟帧时间"设置为0.2，"选择循环选项"设置为"永远"，如图6-38所示。

图6-38　设置时间

⑬ 此时动画制作完毕，执行菜单栏中的"文件"|"存储为Web所用格式"命令，打开"存储为Web所用格式"对话框，设置参数如图6-39所示。

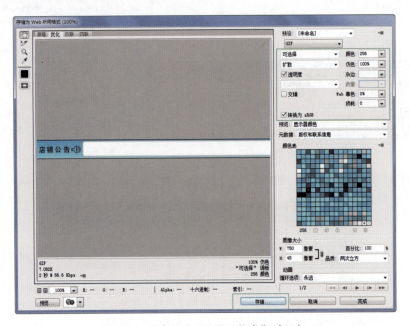

图6-39　"存储为Web所用格式"对话框

⑭ 设置完毕单击"存储"按钮，弹出"将优化结果存储为"对话框，选择存储路径，设置名称，如图6-40所示。

图6-40 "将优化结果存储为"对话框

⑮ 设置完毕单击"保存"按钮，此时750像素店铺模板设计完毕，预览效果如图6-41所示。

图6-41 预览效果

6.2 直幅公告模板设计与制作

直幅公告在网店中通常以宽度为190像素的形式出现。直幅公告在网店中占据的空间比较小，所以尽量让文字部分占据大的面积。下面以户外的店铺作为装修对象，为大家讲解190像素店铺公告模板的制作方法。

操作步骤：

❶ 启动Photoshop软件，新建一个宽度为190像素、高度为250像素的空白文档。将前景色设置为青色、背景色设置为淡青色，使用 ■ （渐变工具）在文档中向下拖动填充"从前景色到背景色"的线性渐变，此时背景如图6-42所示。

❷ 选择 ■ （圆角矩形工具），在选项栏中将"填充"设置为白色、"描边"设置为"无"、"半径"设置为5像素，在文档中绘制圆角矩形。再将"填充"设置为淡橘色，绘制一个小一点的圆角矩形，如图6-43所示。

图6-42　填充渐变色

图6-43　绘制圆角矩形

❸ 使用 ⬭（椭圆工具）在交界处绘制4个正圆，如图6-44所示。

❹ 使用 ▭（矩形工具）绘制两个深灰色的矩形，将其移到上下圆形之间，如图6-45所示。

❺ 选择自己喜欢的文字字体，在上面输入文字"店铺公告"。至此，本例制作完毕，效果如图6-46所示。

图6-44　绘制正圆

图6-45　绘制矩形

图6-46　最终效果

6.3　为制作的模板进行切片

对于Dreamweaver的初学者来说，将其与淘宝后台相结合制作店铺公告，最好的办法就是创建切片并导出切片图，这样可以免去再次调整表格的麻烦。模板创建完毕后，只要通过Photoshop就可以快速创建切片，并生成html格式的文件。

操作步骤：

❶ 启动Photoshop软件，打开"950店铺公告模板"，使用 ✂（切片工具）在店铺公告的文字下面拖曳出一个矩形框，此时就会将其变为切片，其他区域也会显示出切片标签，如图6-47所示。

图6-47　创建切片

❷ 切片创建完毕后，执行菜单栏中的"文件"|"存储为Web所用格式"命令，在"存储为Web所用格式"对话框中设置切片，如图6-48所示。

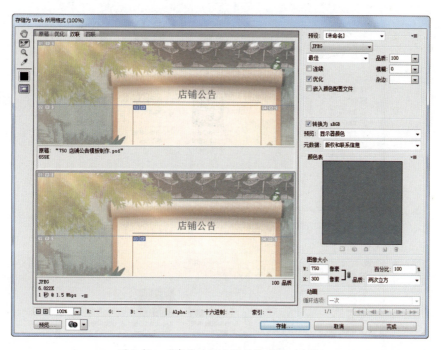

图6-48 "存储为Web所用格式"对话框

❸ 设置完毕后，单击"存储"按钮，打开"将优化结果存储为"对话框，参数设置如图6-49所示。

图6-49 "将优化结果存储为"对话框

❹ 设置完毕后，单击"保存"按钮，储存后的效果如图6-50所示。

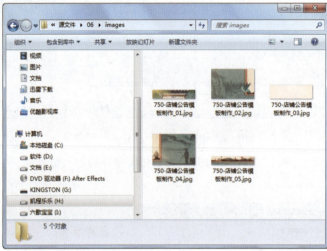

图6-50　存储后的效果

第 7 章

收藏售后设计与制作

| 本章重点 |
▶ 店铺收藏设计与制作
▶ 客服设计与制作

网店中的店铺收藏起到的作用是让买家把喜欢的店铺收藏起来,想买东西时只要在店铺收藏中找到本店就可以了,既快捷又方便;而网店中的客服可以与买家进行售前和售后的咨询服务。

7.1 店铺收藏设计与制作

之所以在淘宝网店的左侧添加醒目的店铺收藏,主要有两个原因:一是淘宝系统的收藏按钮过小,不利于引起买家的注意;二是店铺的收藏人气会影响店铺的排名。

既然店铺收藏设置的意义在于引起买家的注意,吸引更多的人自愿收藏店铺,那么在设计与制作店铺收藏时首先要求醒目,其次才考虑其他的事项,如图7-1所示。

图7-1 店铺收藏

7.1.1 宽幅店铺收藏制作

宽幅的店铺收藏可以非常醒目地进行显示,一般将其宽度设置为950像素或750像素。

本例中以图像和文字相结合的方式制作了如图7-2所示的750像素店铺收藏效果。在设计时要考虑突出显示主题内容。

图7-2 750像素店铺收藏效果

店铺收藏的目的就是让买家快速找到收藏端口,将此店铺收藏起来。宽幅店铺收藏更加具备这个优点。本例以天空作为整个图像的背景,中间位置放置一个计算机键盘球代表本店的科技含量,渐变背景结合文字让主题更加明确,修饰中的花瓣和花朵让画面更具有动感。

操作步骤：

❶ 首先打开Photoshop软件，新建一个宽度为750像素、高度为260像素的空白文档，移入本书配备的"素材\第7章\天空.jpg""计算机球.psd"素材文件，调整位置、大小、混合模式和不透明度，如图7-3所示。

图7-3 新建文档移入素材

❷ 新建一个图层，使用 ◯（椭圆选框工具）在文档中绘制正圆选区，将前景色设置为白色、背景色设置为灰色，使用 ■（渐变工具）在选区中向外拖动填充"从前景色到背景色"的径向渐变，如图7-4所示。

图7-4 绘制渐变

❸ 按Ctrl+D组合键去掉选区，复制副本后按Ctrl+T组合键调出变换框，拖动控制点将其缩小。执行菜单栏中的"编辑"|"变换"|"垂直翻转"命令，将其垂直翻转。复制一个副本，将其调整得更小一些，效果如图7-5所示。

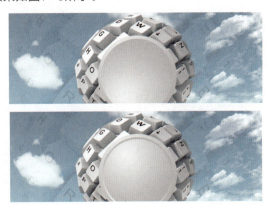

图7-5 复制并进行变换

❹ 新建一个图层，使用 ▢（椭圆选框工具）在文档中绘制正圆选区，将前景色设置为黄绿色、背景色设置为绿色，使用 ▢（渐变工具）在文档中向外拖动填充"从前景色到背景色"的径向渐变，如图7-6所示。

❺ 渐变填充完成后，执行菜单栏中的"滤镜"｜"杂色"｜"添加杂色"命令，打开"添加杂色"对话框，其中的参数设置如图7-7所示。

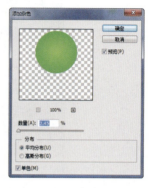

图7-6　绘制渐变　　　　　　　　图7-7　"添加杂色"对话框

❻ 设置完毕单击"确定"按钮，效果如图7-8所示。

图7-8　添加杂色后

❼ 按Ctrl+D组合键将选区去掉，再使用 ✎（钢笔工具）绘制路径，按Ctrl+Enter组合键将路径转换成选区，填充为白色，设置"不透明度"为25%，效果如图7-9所示。

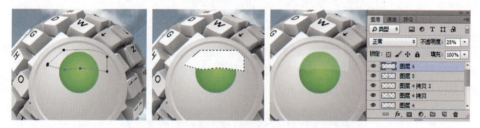

图7-9　填充选区

❽ 执行菜单栏中的"图层"｜"创建剪贴蒙版"命令，按Ctrl+E组合键向下合并图层，如图7-10所示。

图7-10　创建剪贴蒙版合并图层

第7章 收藏售后设计与制作

❾ 执行菜单栏中的"图层"|"图层样式"|"描边"命令,打开"图层样式"对话框,其中的参数设置如图7-11所示。

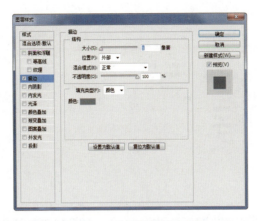

图7-11 "图层样式"对话框

❿ 设置完毕单击"确定"按钮,效果如图7-12所示。

图7-12 添加描边

⓫ 使用同样的方法制作下面两个小一点的渐变正圆,在上面绘制绿色直线,在相连接的位置进行加深处理,如图7-13所示。

图7-13 制作圆球

⓬ 在每个球上输入不同颜色的文字,如图7-14所示。

图7-14 输入文字

211

⓭ 执行菜单栏中的"图层"|"图层样式"|"描边""外发光"和"投影"命令，分别打开"图层样式"对话框，其中的参数设置如图7-15所示。

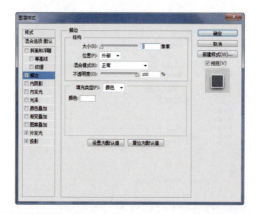

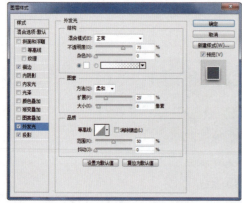
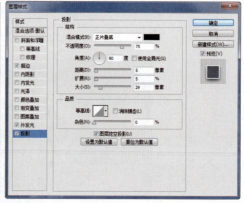

图7-15 "图层样式"对话框

⓮ 设置完毕单击"确定"按钮，效果如图7-16所示。

图7-16 添加样式

⓯ 移入本书配备的"素材\第7章\花.png""花瓣.png""树叶.png"素材文件，调整位置和大小。至此，本例制作完毕，效果如图7-17所示。

图7-17 最终效果

7.1.2 窄幅店铺收藏制作1

窄幅店铺收藏通常会应用到网店布局中宽度为190像素的区域内。本例中以图像和文字相结合的方式制作了如图7-18所示的190像素店铺收藏效果。在设计时，要考虑使用文本与背景相结合来凸显内容。

既然店铺收藏设置的意义在于引起买家的注意，吸引更多的人自愿收藏店铺，所以在设计与制作时首先要求醒目，其次才是其他的考虑事项。在制作时，可以将文本设置为3种不同的颜色，但是颜色的饱和度不要太高。

操作步骤：

❶ 启动Photoshop软件，新建一个宽度为190像素、高度为110像素的空白文档。打开本书配备的"素材\第7章\墙面.jpg""肚皮.jpg"素材文件，将其拖曳到新建文档中，调整大小与位置，设置"肚皮"所在图层的"混合模式"为"正片叠底"，效果如图7-19所示。

图7-18 窄幅店铺收藏效果

图7-19 移入素材

❷ 复制"图层2"图层得到一个"图层2拷贝"图层，将"混合模式"设置为"正常"，单击 ▢（添加图层蒙版）按钮为图层添加蒙版，使用 ▢（渐变工具）水平拖曳为蒙版填充"从黑色到白色"的线性渐变，效果如图7-20所示。

❸ 按Enter键确定后，使用 T（横排文字工具）在文档的左部偏下位置输入不同颜色的文字，如图7-21所示。

图7-20 编辑蒙版

图7-21 输入文字

❹ 执行菜单栏中的"图层"|"图层样式"|"描边"和"外发光"命令，分别打开"图层样式"对话框，参数设置如图7-22所示。

❺ 设置完毕单击"确定"按钮。至此，本例制作完毕，效果如图7-23所示。

 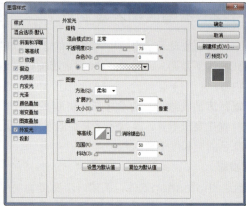

图7-22 "图层样式"对话框

图7-23 窄幅店铺收藏1

7.1.3 窄幅店铺收藏制作2

本例以图像和文字制作剪贴蒙版的方式制作了如图7-24所示的190像素店铺收藏效果。在设计时，要考虑使用文本与背景相结合来凸显内容。

本例将文字制作成了醒目的橘色，结合图片制作出剪贴蒙版效果，使图像依据文本进行显示。

操作步骤：

❶ 启动Photoshop软件，新建一个宽度和高度均为190像素的空白文档，将其填充为灰色。使用 （椭圆工具）绘制一个正圆路径，如图7-25所示。

图7-24 窄幅店铺收藏效果　　　　图7-25 新建文档绘制路径

❷ 选择 （画笔工具），在画笔拾色器中选择一个纹理笔触，设置前景色为蓝色，如图7-26所示。

第7章 收藏售后设计与制作

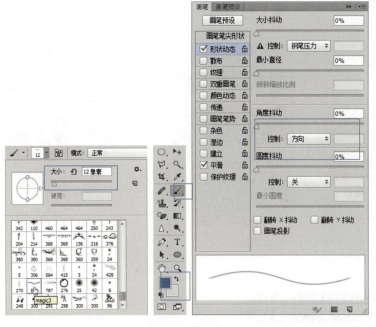

图7-26 设置画笔

❸ 切换到"路径"面板,单击 ○（用画笔描边路径）按钮,效果如图7-27所示。

❹ 返回到"图层"面板,单击 ▫ （添加图层蒙版）按钮为图层添加蒙版,执行菜单栏中的"滤镜"|"渲染"|"云彩"命令,应用"云彩"滤镜后,效果如图7-28所示。

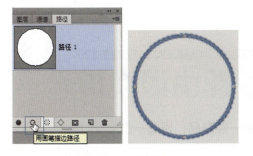

图7-27 画笔描边后

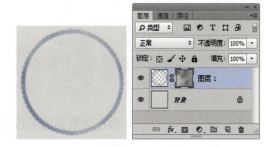

图7-28 编辑蒙版

❺ 使用同样的方法制作小一点的画笔描边,效果如图7-29所示。

❻ 使用 T （横排文字工具）输入橘黄色文字,效果如图7-30所示。

图7-29 画笔描边

图7-30 输入文字

❼ 移入本书配备的"素材\第7章\肚皮.jpg"素材文件,将其拖曳到新建文档的文字图层上方,

215

执行菜单栏中的"图层"|"创建剪贴蒙版"命令,设置"混合模式"为"变暗",效果如图7-31所示。

⑧ 使用同样的方法制作英文的剪贴蒙版。至此,本例制作完毕,效果如图7-32所示。

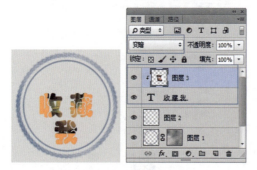

图7-31　剪贴蒙版　　　　　　　　图7-32　窄幅店铺收藏2

7.2　客服设计与制作

对于淘宝店铺的销量,除了商品本身有影响外,服务同样占有非常重要的作用,只有服务上去了,回头客才会再次光顾店铺。一张好的联系方式图片,会让买家感受到一种认真负责的态度。

客服图片可以按照店铺的设计类型选择放置的位置,可以是单独的标准通栏的长度,也可以随左侧或右侧广告促销宣传图片一同出现,如图7-33所示。

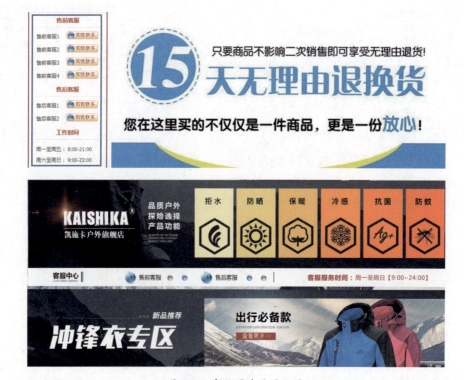

图7-33　客服图片放置位置

7.2.1 宽幅客服设计与制作

宽幅的店铺客服图像优点是可以非常醒目地显示在网店中，可以将其宽度设置为950像素或750像素。

本例中以左侧图形结合右侧文字和图像的方式制作了如图7-34所示的宽幅客服图像效果。

图7-34　宽幅客服图像

操作步骤：

❶ 启动Photoshop软件，新建一个宽度为750像素、高度为300像素的空白文档，将其填充为灰色。移入本书配备的"素材\第7章\图案.png"素材文件，调整大小和位置，设置"混合模式"为"排除"，此时背景如图7-35所示。

图7-35　新建文档并移入素材

❷ 移入本书配备的"素材\第7章\3D小人.psg"素材文件，调整大小和位置，效果如图7-36所示。

图7-36　移入素材

❸ 新建图层，使用 ◯（椭圆工具）绘制一个白色正圆，如图7-37所示。

图7-37 绘制正圆

❹ 执行菜单栏中的"窗口"|"样式"命令,打开"样式"面板,单击右上角的下拉按钮,在弹出的菜单中选择"Web样式"命令,如图7-38所示。

❺ 在"样式"面板中单击"带投影的黄色凝胶"样式,效果如图7-39所示。

图7-38 选择样式　　　　　　　　图7-39 添加样式

❻ 执行菜单栏中的"图层"|"图层样式"|"描边"命令,打开"图层样式"对话框,设置各项参数后单击"确定"按钮,效果如图7-40所示。

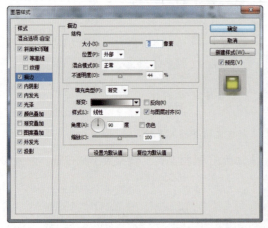 

图7-40 添加描边

❼ 使用同样的方法,制作另外几个按钮,效果如图7-41所示。

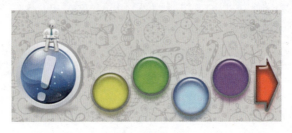

图7-41 按钮效果

⑧ 使用 T.（横排文字工具）输入白色文字，效果如图7-42所示。

图7-42 输入文字

⑨ 执行菜单栏中的"图层"|"图层样式"|"外发光"命令，打开"图层样式"对话框，设置各项参数后单击"确定"按钮，效果如图7-43所示。

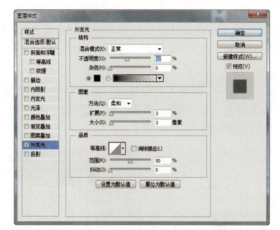

图7-43 添加外发光

⑩ 新建图层，使用 ▢.（圆角矩形工具）绘制一个白色圆角矩形，降低不透明度，效果如图7-44所示。

图7-44 绘制圆角矩形降低不透明度

⑪ 使用 T.（横排文字工具）输入对应的文字。至此，本例制作完毕，效果如图7-45所示。

图7-45　宽幅客服

7.2.2　窄幅客服设计与制作1

窄幅店铺客服的优点是可以不占用设计区的位置，并且比店铺自带的收藏按钮要大很多、醒目很多。窄幅的店铺客服可以设置宽度为190像素，如图7-46所示。

操作步骤：

① 启动Photoshop软件，新建一个宽度为190像素、高度为110像素的空白文档，将前景色设置为白色、背景色设置为灰色，使用 ■（渐变工具）在文档中向下拖动填充"从前景色到背景色"的线性渐变，此时背景如图7-47所示。

图7-46　窄幅客服图像

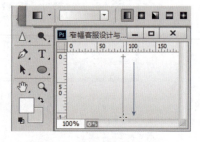

图7-47　新建文档填充渐变

② 移入本书配备的"素材\第7章\按钮.png"素材文件，将其拖曳到新建文档中，如图7-48所示。

③ 使用 T.（横排文字工具）在文档中相应位置输入文字，选择比较正式的文字字体，如图7-49所示。

图7-48　移入素材

图7-49　输入文字

④ 执行菜单栏中的"图层"|"图层样式"|"内发光""渐变叠加""外发光"和"投影"命令，分别打开"图层样式"对话框，参数设置如图7-50所示。

⑤ 设置完毕单击"确定"按钮，效果如图7-51所示。

⑥ 使用 T.（横排文字工具）在文档中相应位置输入文字，如图7-52所示。

第7章 收藏售后设计与制作

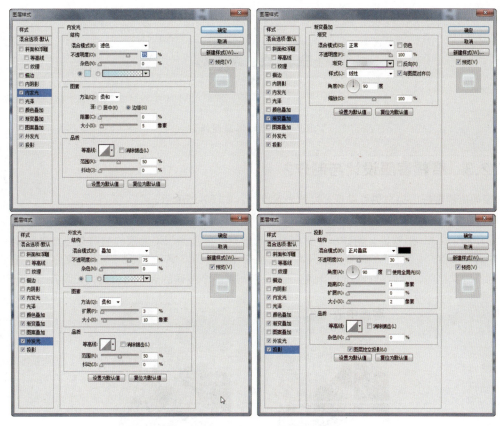

图7-50 "图层样式"对话框

图7-51 添加样式后　　　　　图7-52 输入文字

❼ 执行菜单栏中的"图层"|"图层样式"|"渐变叠加"和"投影"命令，分别打开"图层样式"对话框，参数设置如图7-53所示。

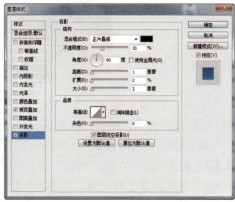

图7-53 "图层样式"对话框

⑧ 设置完毕单击"确定"按钮，效果如图7-54所示。

图7-54　窄幅客服图像1

7.2.3　窄幅客服设计与制作2

窄幅店铺客服的类型也可以是高度超出宽度的，如图7-55所示。

操作步骤：

① 启动Photoshop软件，新建一个宽度为190像素、高度为250像素的空白文档。执行菜单栏中的"文件"|"打开"命令，打开本书配备的"素材\第7章\客服.jpg"素材文件，将其拖曳到新建文档中，然后进行复制、粘贴，并分别调整两个图像的大小和位置，如图7-56所示。

图7-55　窄幅客服图像2　　　　图7-56　新建文档移入素材

② 新建图层，使用 ▢（矩形工具）在图像顶部绘制一个白色矩形，"混合模式"设置为"颜色"，效果如图7-57所示。

图7-57　设置混合模式

③ 复制"图层2"图层，得到"图层2拷贝"图层，"混合模式"设置为"正常"、"不透明度"设置为66%，效果如图7-58所示。

④ 使用 ╱（直线工具）和 ○（椭圆工具）绘制白色直线和白色正圆，效果如图7-59所示。

⑤ 使用 T（横排文字工具）在文档中相应位置输入文字，选择比较正式的文字字体，效果如图7-60所示。

图7-58 调整不透明度　　　　图7-59 绘制直线和正圆　　　　图7-60 输入文字

❻ 执行菜单栏中的"图层"|"图层样式"|"渐变叠加"和"投影"命令，分别打开"图层样式"对话框，参数设置如图7-61所示。

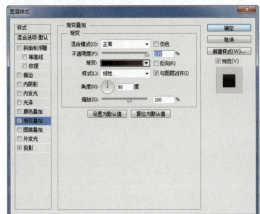

图7-61 "图层样式"对话框

❼ 设置完毕单击"确定"按钮。至此，本例制作完毕，效果如图7-62所示。

图7-62 最终效果

第 8 章
详情页设计与制作

| 本章重点 |

► 详情页的设计思路以及操作流程

► 详情页的格局构成

► 详情页的设计原则

► 详情页的整体制作

在淘宝网开店，同行卖家都会有相同或类似的商品，如何让消费者选择你而非别家？若要提升购买转化率以及培养用户的黏性，让消费者下定决心在你的店铺购买、收藏并且下次再来，这一系列的触动都需要宝贝详情页面去传达和渲染，这也是吸引和抓住消费者到达购买区域的落实点。宝贝详情页直接决定着网店宝贝的成交与否。宝贝详情页不能太简单，也不能太具体甚至繁杂。

本章主要为大家介绍淘宝网店商品详情描述页面的设计与制作，制作案例之前首要对详情页有具体的设计思路，之后再在上面进行详细的实现。

8.1 详情页的设计思路以及操作流程

很多新手美工以为做详情页就是简单地摆放几张产品图片并调整尺寸，然后加一些参数表即可。其实并不是这样。做详情页说简单也简单，说难也难，难就难在能否帮助店主将商品卖出去，帮助商家提升销量。打造一张优秀的详情页，大概要用60%的时间调查构思，确定方向，然后用40%的时间设计优化。

一个好的网店美工，不仅是美化图片、合成效果图，还应该参与到运营中，将商品的描述详情做到图片中，掌握详情页的作用，放大商品的卖点。

详情页的设计思路以及操作流程如表8-1所示。

表8-1　详情页的设计思路以及操作流程

宝贝详情页的作用	宝贝详情页是提高转化率的入口，能激发顾客的消费欲望，树立顾客对店铺的信任感，打消顾客的消费疑虑，促使顾客下单。优化宝贝详情页对转化率有提升的作用，但是起决定性作用的还是产品本身
设计详情页遵循的原则	宝贝详情页要与宝贝主图、宝贝标题相契合，它必须真实地介绍宝贝的属性。假如标题或者主图里写的是韩版女装，但是详情页却是欧美风格，顾客一看不是自己想要的，肯定会马上关闭页面
设计前的市场调查	设计宝贝详情页之前要充分进行市场调查和行业调查，规避同款。同时也要做好消费者调查，分析消费人群与消费能力、消费者喜好，以及顾客购买所在意的问题等
调查结果及产品分析	根据市场调查结果以及自己的产品特点进行系统的分析总结，罗列出消费者所在意的问题、同行的优缺点，以及自身产品的定位，挖掘自身与众不同的卖点
关于宝贝定位	根据店铺宝贝以及市场调查确定本店的消费群体。 例如，外出旅游住宾馆，小旅馆100元一间卖的就是价格，卫生之类的都没有保障，定位于低端。连锁酒店200元一间卖的是性价比，定位于中端顾客。大酒店400元一间卖的就是服务。而主题宾馆卖的是个性等
关于挖掘宝贝卖点	针对消费群体挖掘出本店的宝贝卖点。 关于宝贝卖点的范围非常广泛，比如：卖价格、卖款式、卖文化、卖感觉、卖服务、卖特色、卖品质、卖人气等
开始准备设计元素	根据消费者分析以及自身产品卖点的提炼和宝贝风格的定位，开始准备所用的设计素材、详情页所用的文案，并确立宝贝详情的用色、字体、排版等。最后还要烘托出符合宝贝特性的氛围，如羽绒服背景可以采用冬天的冰山效果。 要确立的六大元素为配色、字体、文案、构图、排版、氛围

> **温馨提示：**
>
> （1）如何进行调查？
>
> 答：通过淘宝指数可以清楚地查到消费者的一切喜好以及消费能力、地域等很多数据，学会利用这些数据对优化详情页很有帮助。另外，生E经等付费软件也有一些分析功能。
>
> （2）如何了解消费者最在意的问题？
>
> 答：可以去宝贝评价里面找，在买家评价里面可以挖出很多有价值的东西，如买家的需求，购买后遇到的问题，等等。

8.2 详情页的格局构成

详情页整体是由各个局部组成的，从上向下依次为主图、左侧区域、右侧区域，如图8-1所示。

详情页中C区是可以自由发挥设计的位置，从上向下依次为广告、卖点、细节图等，上半部分诉说产品价值，后半部分培养顾客的消费信任感。对于消费信任感，不光通过各种证书和品牌认证的图片来树立，使用正确的颜色、字体及排版结构，对赢得顾客消费信任感也会起到重要作用。详情页每一块组成都有它的价值，都要经过仔细的推敲和设计，如图8-2所示。

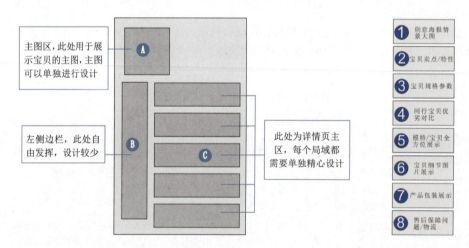

图8-1 详情页组成　　图8-2 详情页可装修区域

其中的各项详细说明如下。

（1）创意海报情景大图。

根据网上流传的前三屏3秒注意力原则，开头的大图是视觉焦点，背景应该采用能够展示品牌调性以及产品特色的意境图，以第一时间吸引买家注意力。

（2）宝贝卖点/特性。

FAB法则解释如下。

- Feature（特性）：产品品质，是指产品材质、设计的特点，即一种产品能够看得到、摸得着的东西，产品与众不同的地方。
- Advantage（作用）：从特性引发的用途，即指产品的独特之处，就是这种属性将会给客户带来的作用或优势。

● Benefit（好处）：是指作用或者优势会给客户带来的利益，对顾客的好处（因客而异）。

例如一台空气净化器，特点：静音，采用获得某国际认证的材料等。作用：可以比同行加倍除尘、甲醛等空气有害物质。好处：给消费者带来安全静音的呼吸环境，减少呼吸疾病的困扰。卖点中出现的数字部分，比如"销量突破50000台"，"50000"这个数字要放大加粗，制造劲爆的效果和氛围。

（3）宝贝规格参数。

宝贝的可视化尺寸设计，可以用实物与宝贝对比，让顾客切身体验到宝贝实际尺寸，以免收到货的时候低于心理预期。

（4）同行宝贝优劣对比。

通对强化宝贝卖点，不断向消费者阐述优劣对比。

（5）模特/宝贝全方位展示。

宝贝展示以主推颜色为主，如服装类的宝贝要提供模特的三围、身高信息。最好后面可以放置一些买家真人秀的模块，目的就是拉近与消费者的距离，让消费者了解产品是否适合自己。

（6）宝贝细节图片展示。

细节图片要清晰、有质感，并且附带相关的文案介绍。

（7）产品包装展示。

通过店铺的资质证书以及生产车间方面的展示，可以烘托出品牌和实力。但是一个店铺品牌不是通过几张图片以及写个品牌故事就可以做出来的，而是在整个买卖过程中通过各种细节展现给消费者的。

（8）售后保障问题/物流。

售后就是解决顾客已知和未知的各种问题，例如是否支持7天无理由退换货，发哪家快递，快递大概几天可以到，产品有质量问题怎么解决等。这一项工作做好的话可以减轻客服的工作压力，增加隐含转化率，把复杂留给自己，把简单留给客户。

8.3 详情页的设计原则

淘宝的消费者在购买商品的时候，是先搜索，然后碰到自己喜欢的宝贝，就直接进入宝贝详情页面。所以，宝贝详情页是提高转化率的首要入口。

一个好的美工不应该只停留在技术层面，也应该有自己的思路和想法。在对详情页进行设计制作时，应该考虑以下几点：①引发兴趣；②激发潜在需求；③赢得消费信任；④替客户做决定。

特别要注意的是，由于客户不能真实体验产品，宝贝详情页要打消买家顾虑。从客户角度出发，首先把自己定位成买家，看看什么样子的详情页能够把自己吸引。能够让买家感受到店家热情的除了直接的图片信息外，一句诱惑的语句、一句温馨的问候，都能够让买家在第一时间产生冲动感，从而实现感性下单。图片中文案的作用我们不应该忽视，具体的应用应该参照以下几点：①文案要运用情感营销引发共鸣；②对于卖点的提炼要简短易记并反复强调暗示；③运用好FAB法则。有需求才有产品，我们卖的不是宝贝，卖的是顾客买到宝贝之后可以得到什么价值，满足什么需求。让理性的顾客进来，感性下单。

一个成功的详情页不单单是罗列商品的数据，应该是在视觉和文案中都得到应有的享受。

8.4 详情页的整体制作

本节以加湿器作为详情页装修目标,在设计时要先对格局框架进行布局,将风格定位、配色方案等进行设置,对需要的素材进行详细处理,对详情页的局部进行单独设计,最后进行合成。

8.4.1 详情页框架设计

详情页在进行设计之前,一定要先对整体的设计效果起草一个框架,目的是在设计时不会出现盲目、无从下手的情况。本章将对加湿器进行详情页设计,按照构成原则以及实体店的购买流程,首先设计商品的广告图来吸引买家,其次是展示商品本身的细节内容,让买家了解具体的卖点信息,再次是商品与配套商品的组合推荐。根据以上分析,我们可以大致规划出本例详情页的结构框架,如图8-3所示。

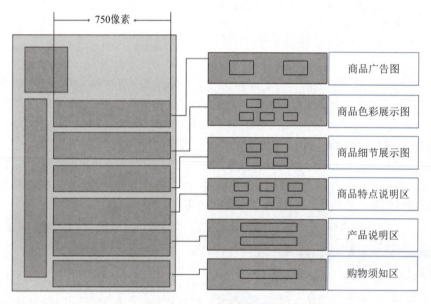

图8-3 加湿器详情页框架

8.4.2 商品广告区设计

详情页中的创意主图,在页面中主要起到第一时间吸引买家注意力的作用,从而使买家继续浏览详情页下面的内容。

操作步骤:

❶ 启动Photoshop软件,执行菜单栏中的"文件"|"新建"命令,新建一个宽度为750像素、高度为400像素、分辨率为72像素/英寸的空白文档,使用 ■ (渐变工具)填充"从青色到淡青色"的线性渐变,如图8-4所示。

❷ 移入本书配备的"素材\第8章\影.png"素材文件,调整大小和位置,复制一个副本,让素材看起来更加真实一些,如图8-5所示。

图8-4 填充渐变色

图8-5 移入素材

❸ 打开本书配备的"素材\第8章\加湿器.png""透气.jpg"素材文件,将"加湿器"素材拖曳到新建文档中并调整大小和位置。使用 ▽.(多边形套索工具)选择"透气"素材中的一个图形,将其拖曳到新建文档中,调整大小和位置后,"混合模式"设置为"滤色",效果如图8-6所示。

图8-6 移入素材设置混合模式

❹ 新建图层,使用 ▽.(多边形套索工具)绘制选区后填充为白色,降低不透明度,使用 ▭.(矩形工具)绘制青色矩形,使用 ▢.(圆角矩形工具)绘制青色圆角矩形,为其添加白色描边后,降低不透明度,效果如图8-7所示。

图8-7 绘制图形

❺ 在合适的位置输入文字,将"湿"字设置为毛笔字体,为其添加一个青色的描边,其他字体设置为"微软雅黑",使文字有字体的对比,如图8-8所示。

❻ 新建一个图层,使用 ◯.(椭圆工具)绘制白色正圆,将其拼成一个云彩状图形,如图8-9所示。

图8-8 输入文字

图8-9 绘制正圆进行拼图

❼ 将绘制的白色正圆图层一同选取,按Ctrl+E组合键将其合并为一个图层。复制两个副本,并降低不透明度,效果如图8-10所示。

图8-10 复制后降低不透明度

❽ 新建一个图层,将前景色设置为白色,使用 在页面中绘制云彩画笔,如图8-11所示。

❾ 新建一个图层,使用 绘制一个正圆选区,使用 填充"从白色到青色"的径向渐变,按Ctrl+D组合键去掉选区后,为其添加一个白色"描边"图层样式,效果如图8-12所示。

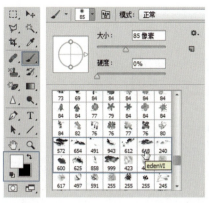 

图8-11　绘制画笔

图8-12　绘制选区填充渐变色添加描边

⑩ 新建一个图层，使用 绘制一个白色箭头，调整大小和位置，效果如图8-13所示。

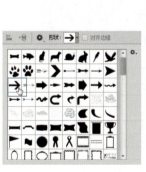 

图8-13　绘制箭头

⑪ 在文档中将加湿器图层和透气图层一同选取，复制一个副本后，按Ctrl+T组合键调出变换框，拖动控制点将其缩小，并将其移动到绘制的箭头正圆上，效果如图8-14所示。

⑫ 按Enter键完成变换，移入本书配备的"素材\第8章\树叶.png"素材文件，调整大小和位置，效果如图8-15所示。

图8-14 变换图形

图8-15 移入素材并调整

⑬ 按Enter键完成变换，选取全部图层，按Ctrl+Shift+Alt+E组合键得到一个盖印图层。执行菜单栏中的"滤镜"|"Camera Raw滤镜"命令，打开Camera Raw对话框，其中的参数设置如图8-16所示。

图8-16 Camera Raw对话框

⑭ 设置完毕单击"确定"按钮。至此，本例制作完毕，效果如图8-17所示。

图8-17 商品广告区效果

8.4.3 商品色彩展示区设计

详情页中的色彩展示区，主要起到让买家了解商品不同颜色的作用。

操作步骤：

① 启动Photoshop软件，执行菜单栏中的"文件"|"新建"命令，新建一个宽度为750像素、高度为500像素、分辨率为72像素/英寸的空白文档，使用 ■（渐变工具）填充"从青色到淡青色"的线性渐变，将广告区制作的云彩状图像合并后拖曳到新建文档中，旋转角度并调整大小和位置，"不透明度"设置为64%，效果如图8-18所示。

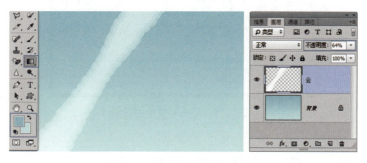

图8-18 填充渐变色移入图形

② 打开本书配备的"素材\第8章\加湿器.png"素材文件，将其拖曳到新建文档中，"不透明度"设置为46%，效果如图8-19所示。

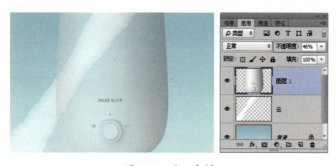

图8-19 移入素材

❸ 使用 ◯（椭圆选框工具）在"加湿器"素材中创建一个正圆选区，使用 ▶︎₊（移动工具）将选区内的图像拖曳到新建文档中，调整大小和位置，如图8-20所示。

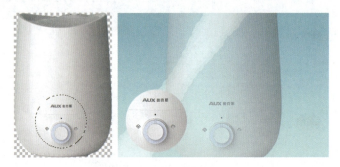

图8-20　移入选区内容

❹ 执行菜单栏中的"图层"|"图层样式"|"描边"命令，打开"图层样式"对话框，其中的参数设置如图8-21所示。

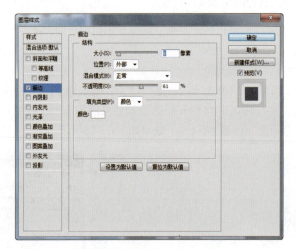

图8-21　"图层样式"对话框

❺ 设置完毕单击"确定"按钮，效果如图8-22所示。
❻ 按住Alt键的同时向右拖曳移入的素材，复制两个副本，如图8-23所示。

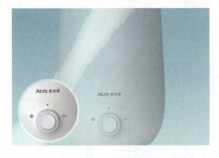

图8-22　添加描边后

图8-23　复制素材

❼ 选择中间的加湿器正圆区域，单击 ◐（创建新的填充或调整图层）按钮，在弹出的下拉菜单中选择"色相/饱和度"命令，打开"色相/饱和度"属性面板，调整各项参数后，效果如图8-24所示。

图8-24 调整色相/饱和度

⑧ 选择右侧的加湿器正圆区域,单击 ◎ (创建新的填充或调整图层)按钮,在弹出的下拉菜单中选择"色相/饱和度"命令,打开"色相/饱和度"属性面板,调整各项参数后,效果如图8-25所示。

图8-25 调整色相/饱和度

⑨ 新建图层,使用 ◯ (椭圆工具)绘制一个白色正圆,如图8-26所示。

⑩ 在"图层2"图层上单击鼠标右键,在弹出的快捷菜单中选择"拷贝图层样式"命令;在"图层3"图层上单击鼠标右键,在弹出的快捷菜单中选择"粘贴图层样式"命令,如图8-27所示。

图8-26 绘制正圆

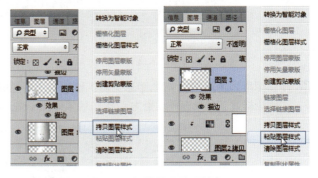

图8-27 复制粘贴图层样式

⑪ 复制图层样式后,"填充"设置为21%,效果如图8-28所示。

⑫ 新建图层,使用 ▭ (矩形工具)绘制白色矩形,如图8-29所示。

⑬ 在白色矩形底部新建一个图层,使用 ⌇ (多边形套索工具)绘制选区后为其填充土灰色,效果如图8-30所示。

图8-28　设置填充

图8-29　绘制矩形　　　　　　　　　　　图8-30　绘制选区并填充

⑭ 按Ctrl+D组合键去掉选区，使用 T,（横排文字工具）输入需要的文字，如图8-31所示。

⑮ 复制半透明正圆，将副本拖曳到右侧，使用 T,（横排文字工具）输入需要的文字，移入本书配备的"素材\第8章\花纹.png"素材文件，如图8-32所示。

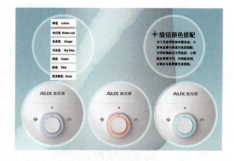

图8-31　输入文字　　　　　　　　　　　图8-32　复制图形输入文字

⑯ 新建图层，使用 ▢（圆角矩形工具）绘制一个青色圆角矩形，为圆角矩形添加一个白色的描边图层样式，"填充"设置为27%，效果如图8-33所示。

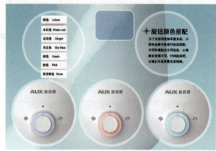

图8-33　绘制圆角矩形

第8章 详情页设计与制作

⑰ 使用 T,（横排文字工具）输入一个白色文字，字体设置为毛笔字体，为其添加一个青色的描边图层样式，效果如图8-34所示。

⑱ 将广告区中绘制的云彩画笔和"树叶"素材拖曳到新建文档中，设置大小和位置。至此，本例制作完毕，效果如图8-35所示。

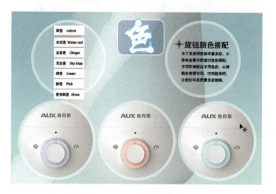 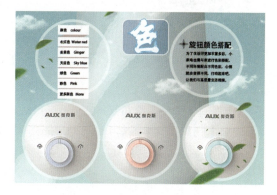

图8-34 输入文字添加描边　　　　　　　　　图8-35 色彩展示区效果

8.4.4 商品细节展示区设计

详情页中的细节展示区，主要起到让买家了解商品各个部分的作用。

操作步骤：

❶ 启动Photoshop软件，执行菜单栏中的"文件"|"新建"命令，新建一个宽度为750像素、高度为500像素、分辨率为72像素/英寸的空白文档，使用 ■（渐变工具）填充"从青色到淡青色"的线性渐变，将色彩展示区制作的云彩状图像拖曳到新建文档中，旋转角度并调整大小、位置，再设置"不透明度"为64%，如图8-36所示。

❷ 新建图层，使用 ■（矩形工具）绘制一个白色矩形，"不透明度"设置为50%，使用 ▭（矩形选框工具）在白色矩形上绘制一个矩形选区，如图8-37所示。

图8-36 新建文档移入图像　　　　　　图8-37 绘制矩形和矩形选区

❸ 打开本书配备的"素材\第8章\局部01.jpg"素材文件，按Ctrl+A组合键全选整个图像，按Ctrl+C组合键复制选区内容。返回到新建文档中，执行菜单栏中的"编辑"|"选择性粘贴"|"贴入"命令，将刚才复制的内容进行贴入，效果如图8-38所示。

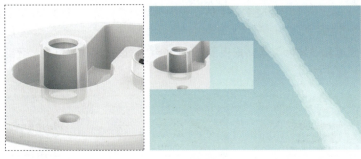

图8-38 贴入图像

❹ 使用同样的方法，绘制另外三个矩形和贴入效果，如图8-39所示。

❺ 使用 T.（横排文字工具）输入对应的文字，效果如图8-40所示。

图8-39 绘制矩形并贴入图像　　　　　　　图8-40 输入文字

❻ 新建图层，使用 ▢.（圆角矩形工具）绘制一个青色圆角矩形，为其添加一个白色的描边图层样式，再设置"填充"为27%。使用 T.（横排文字工具）输入一个白色文字，字体设置为毛笔字体，为其添加一个青色的描边图层样式，效果如图8-41所示。

❼ 将广告区中绘制的云彩画笔和"树叶"素材拖曳到新建文档中，设置大小和位置。至此，本例制作完毕，效果如图8-42所示。

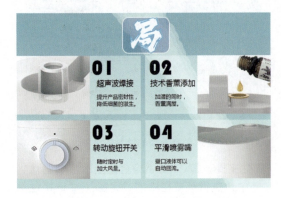 

图8-41 绘制圆角矩形并输入文字　　　　　　图8-42 细节展示区

8.4.5 商品特点说明区设计

详情页中的特点说明区,主要起到让买家了解商品独有特点的作用。

操作步骤:

❶ 启动Photoshop软件,执行菜单栏中的"文件"|"新建"命令,新建一个宽度为750像素、高度为500像素、分辨率为72像素/英寸的空白文档,使用 ■(渐变工具)填充"从青色到淡青色"的线性渐变,将色彩展示区制作的云彩状图像拖曳到新建文档中,新建图层,使用 ■(矩形工具)绘制一个白色矩形并降低透明度,如图8-43所示。

❷ 新建图层,使用 ◯(椭圆工具)绘制一个白色正圆,再绘制一个黑色描边的椭圆,使用 ╱(直线工具)绘制两条黑色直线,效果如图8-44所示。

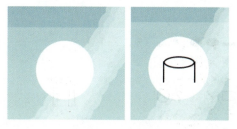

图8-43 新建文档移入图像绘制矩形　　　　图8-44 绘制图形

❸ 使用 ✿(自定形状工具)绘制黑色雨滴形状,效果如图8-45所示。

❹ 复制白色正圆,使用 ■(矩形工具)绘制黑色描边的白色矩形,使用 ◯(椭圆工具)绘制黑色描边的白色正圆,如图8-46所示。

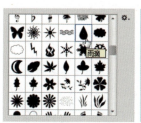

图8-45 绘制形状　　　　　　　　图8-46 绘制矩形和正圆

❺ 复制白色正圆,使用 ✿(自定形状工具)绘制小喇叭和禁止符号,效果如图8-47所示。

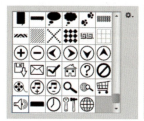
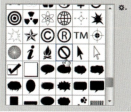

图8-47 绘制形状

❻ 复制白色正圆,使用 ✿(自定形状工具)绘制波浪,效果如图8-48所示。

❼ 复制白色正圆,使用 ✿(自定形状工具)绘制沙漏,效果如图8-49所示。

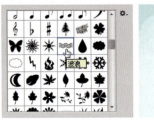   

图8-48　绘制波浪　　　　　　　　　图8-49　绘制沙漏

⑧ 复制白色正圆，使用 ⚙（自定形状工具）绘制工具，效果如图8-50所示。

⑨ 使用 T（横排文字工具）输入对应的文字，效果如图8-51所示。

图8-50　绘制工具　　　　　　　　　图8-51　输入文字

⑩ 新建图层，使用 ▢（圆角矩形工具）绘制一个青色圆角矩形，为其添加一个白色的描边图层样式，再设置"填充"为27%。使用 T（横排文字工具）输入一个白色文字"特"，字体设置为毛笔字体，为其添加一个青色的描边图层样式，效果如图8-52所示。

⑪ 将广告区中绘制的云彩画笔和"树叶"素材拖曳到新建文档中，设置大小和位置。至此，本例制作完毕，效果如图8-53所示。

图8-52　绘制圆角矩形输入文字　　　　图8-53　商品特点说明区效果

8.4.6　产品说明区设计

详情页中的产品说明区，主要起到让买家了解商品参数信息的作用。

操作步骤：

① 启动Photoshop软件，执行菜单栏中的"文件"|"新建"命令，新建一个宽度为750像素、高度为500像素、分辨率为72像素/英寸的空白文档，使用 ▢（渐变工具）填充"从青色到淡青色"的线性渐变，将色彩展示区制作的云彩状图像拖曳到新建文档中，再将本书配备的

"素材\第8章\地板.jpg"素材文件拖曳到新建文档中，如图8-54所示。

❷ 新建图层，使用 ▭（矩形工具）绘制一个白色矩形并降低不透明度，再使用 ╱（直线工具）绘制黑色直线，效果如图8-55所示。

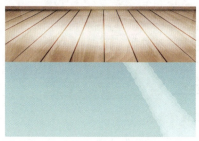 

图8-54　新建文档移入图像　　　　　图8-55　绘制矩形和直线

❸ 使用 T（横排文字工具）输入对应的文字，效果如图8-56所示。

❹ 移入"加湿器"素材，调整大小和位置，效果如图8-57所示。

图8-56　输入文字　　　　　　　　图8-57　移入素材

❺ 执行菜单栏中的"图层"|"图层样式"|"投影"命令，打开"图层样式"对话框，设置各个参数后单击"确定"按钮，效果如图8-58所示。

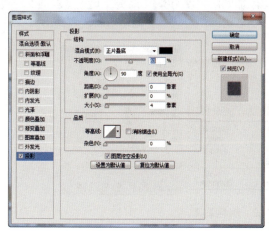

图8-58　添加投影

❻ 执行菜单栏中的"图层"|"图层样式"|"创建图层"命令，将投影变成单独的图层。单击 ▢（添加图层蒙版）按钮，为图层添加蒙版，使用 ✎（画笔工具）涂抹黑色，效果如图8-59所示。

图8-59 创建图层编辑蒙版

❼ 新建图层，使用 ▷（多边形套索工具）创建封闭选区，将选区填充为黑色，效果如图8-60所示。

❽ 按Ctrl+D组合键去掉选区，执行菜单栏中的"滤镜"|"模糊"|"高斯模糊"命令，打开"高斯模糊"对话框，设置"半径"为2像素，设置完毕单击"确定"按钮，效果如图8-61所示。

图8-60 填充选区　　　　　图8-61 模糊后

❾ 单击 ▢（添加图层蒙版）按钮，为图层添加蒙版，使用 ▢（渐变工具）从左向右拖曳填充"从黑色到白色"的线性渐变，再设置"不透明度"为19%，效果如图8-62所示。

图8-62 编辑蒙版

❿ 按Ctrl+J组合键，复制一个副本，执行菜单栏中的"编辑"|"变换"|"水平翻转"命令，将图像水平翻转，调整位置后，完成阴影的制作，效果如图8-63所示。

⓫ 将广告区中绘制的云彩画笔和"树叶"素材拖曳到新建文档中，设置大小和位置。至此，本例制作完毕，效果如图8-64所示。

图8-63 翻转 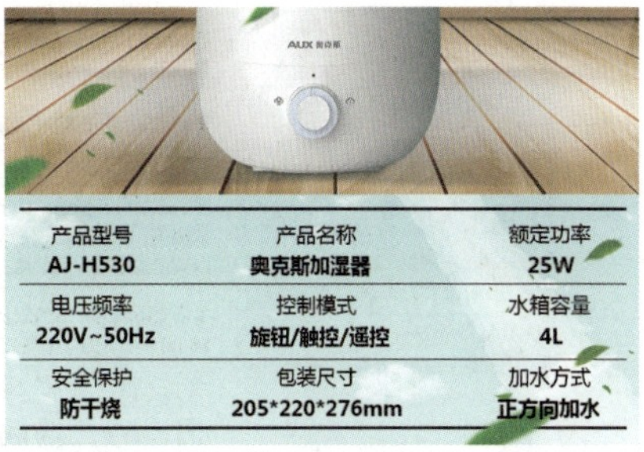　　　　　　　　图8-64 产品说明区效果

8.4.7 购物须知区设计

详情页中的购物须知区，主要起到让买家了解商家对店铺的承诺信息的作用。

操作步骤：

❶ 启动Photoshop软件，执行菜单栏中的"文件"|"新建"命令，新建一个宽度为750像素、高度为225像素、分辨率为72像素/英寸的空白文档，将背景填充为与上面商品细节展示区一样的灰色。

❷ 新建图层，使用 ▢（矩形工具）在左侧绘制一个青色矩形，效果如图8-65所示。

图8-65 绘制矩形

❸ 新建图层，使用 ╱（直线工具）在页面中绘制2像素粗细的白色直线，效果如图8-66所示。

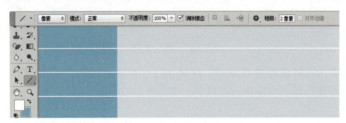

图8-66 绘制直线

❹ 使用 T（横排文字工具）输入文字。至此，本例制作完毕，效果如图8-67所示。

图8-67 购物须知区效果

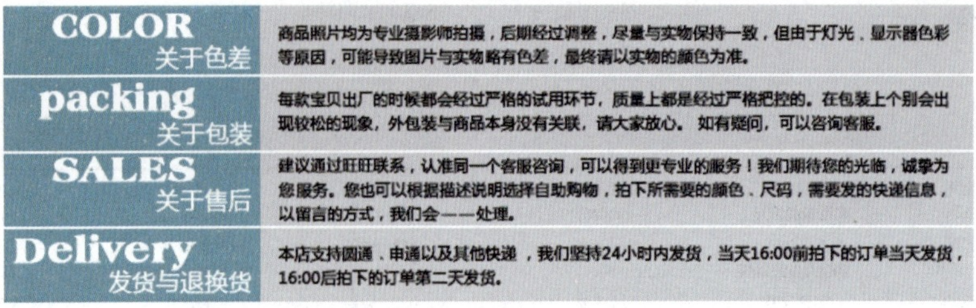

图8-67 购物须知区效果（续）

8.4.8 详情页描述区设计

详情页中的描述区，主要起到让买家了解商品展示内容的作用。

操作步骤：

❶ 启动Photoshop软件，新建一个宽度为750像素、高度为150像素、分辨率为72像素/英寸的空白文档，使用 ▣（渐变工具）填充"从青色到淡青色"的线性渐变，移入本书配备的"素材\第8章\影.png"素材文件到新建文档中，调整大小和位置，效果如图8-68所示。

图8-68 新建文档并移入素材

❷ 将广告区中的加湿器和烟雾拖曳到新建文档中，调整大小和位置，效果如图8-69所示。

图8-69 移入素材

❸ 复制一个加湿器，将其进行垂直翻转，单击 ▣（添加图层蒙版）按钮为其添加一个图层蒙版，使用 ▣（渐变工具）对蒙版进行编辑，如图8-70所示。

图8-70 编辑蒙版

❹ 新建图层，使用 ○（椭圆工具）绘制一个黑色椭圆，执行菜单栏中的"滤镜"|"模糊"|"高斯模糊"命令，打开"高斯模糊"对话框，设置"半径"为2像素，设置完毕单击"确定"按钮，"不透明度"设置为20%，效果如图8-71所示。

图8-71　绘制椭圆应用模糊

❺ 将此区域图像对应的图层一同选取,复制三个副本,调整大小和位置,效果如图8-72所示。

图8-72　复制后调整

❻ 新建一个图层,使用 绘制云彩画笔和纹理画笔,效果如图8-73所示。

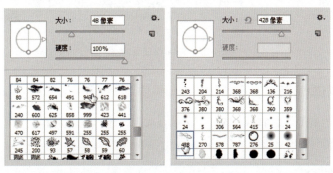

图8-73　绘制画笔

❼ 新建图层,使用 绘制一个青色圆角矩形,为其添加一个白色的描边图层样式,再设置"填充"为27%。使用 输入白色文字。至此,本例制作完毕,效果如图8-74所示。

图8-74　描述区设计

❽ 更改文字，完成其他效果，如图8-75所示。

图8-75　商品描述区效果

8.4.9　合成详情页

　　合成详情页指的就是将之前制作的各个区域合成到一起，这是为了在上传宝贝详情内容时更加方便，在"图片空间"中也更容易查找。

操作步骤：

❶ 启动Photoshop软件，执行菜单栏中的"文件"|"新建"命令，新建一个宽度为750像素、高度为3990像素、分辨率为72像素/英寸的空白文档，设置名称为"详情页合成"。

❷ 打开之前制作的各个区域的文档，如图8-76所示。

图8-76　打开素材

图8-76 打开素材（续）

图8-76 打开素材（续）

③ 这里选择广告区，执行菜单栏中的"图层"|"拼合图像"命令，将所有图层合并，如图8-77所示。

❹ 将拼合后的图像拖曳到"详情页合成"文档中，效果如图8-78所示。

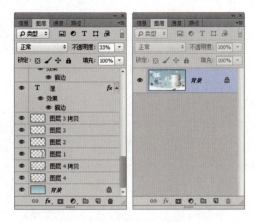

图8-77 拼合图像　　　　　　　　　　图8-78 移入图像

❺ 将其他文档中的图像拼合后，拖曳到"详情页合成"文档中，效果如图8-79所示。
❻ 将描述区进行色相调整，可以看到一个更有层次感的详情页，效果如图8-80所示。

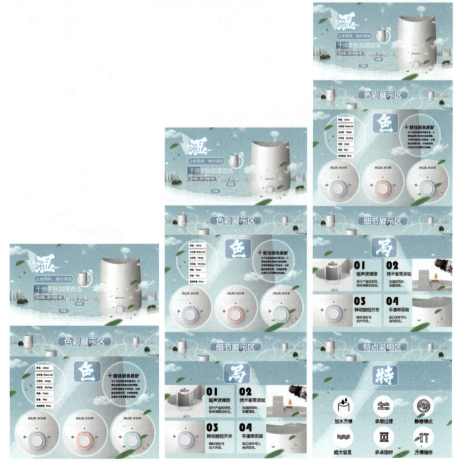

图8-79 合成后

图8-79 合成后（续）

图8-80 色相调整后的效果